KB074939

카메라로 지구를 구하는 방법

우리의 이야기가
너무 늦게 도착하지 않기를
바라며

카메라로
지구를
구하는
방법

**환경 다큐 피디들이 전하는
기후 위기 이야기**

느린
서재

〈가위손〉과 카메라

SBS 김진호 피디

1991년에 개봉한 영화 〈가위손〉은 내 인생작이다. 지금은 거장이
된 팀 버튼 감독의 초기작으로 영화는 눈 내리는 어느 밤, 손녀에게
들려주는 할머니의 이야기에서 시작된다. 화장품 외판원 펙은 외
딴 고성에서 홀로 외로이 지내는 미완성 인조인간 에드워드(조니
뎁)를 불쌍히 여겨 마을로 데려온다. 일련의 일들을 통해 에드워드
는 펙의 딸인 킴(위노나 라이더)과 사랑에 빠지고, 크리스마스 저녁
에드워드는 킴을 위해 얼음을 조각한다. 얼음은 눈이 되어 내리고,
아름답게 휘날리는 눈발 아래 춤을 추며 황홀해하는 킴. 그 장면을
잊지 못한 에드워드는 고성으로 돌아간 뒤에도 사랑하는 킴을 위
해 평생 얼음 조각을 만들며 눈을 날려보낸다. 할머니가 된 킴은 손
녀에게 너도 언젠가 눈 속에서 춤추는 기쁨을 알게 될 거라고 전하
며 영화는 끝난다. 동화처럼 아름다운 이야기다. 영화가 말하는

'눈'의 기원은 사랑이고 선물이다.

요즘 아이들은 겨울에 눈을 보기 힘들다. 뉴스에서, 신문에서, 인터넷에서 귀가 따갑도록 들은 지구온난화 탓일 게다. 한 연구조사에 따르면 과거 30년에 비해 최근 30년은 봄이 6일, 여름이 20일 늘어났고 가을은 4일, 겨울은 22일 줄어든 것으로 나타났다. 단열 효과를 내는 강설량의 감소로 남극 빙하는 유실 중이고, 곤충과 설치류는 추위에 노출되며, 인간이 즐겨 찾는 수많은 스키장은 문 닫기 일보 직전이다. 비단 눈만의 문제이겠는가. 전 세계는 지금 눈이 너무 많이 오거나 적게 오고, 비가 너무 많이 내리거나 그 반대이기도 하다. 태풍이 불고 산불이 나고 가뭄은 계속된다.

지구온난화는 필연적으로 해수면 상승을 불러온다. 물에 곧 잠길 것이라는 남태평양 투발루와 키리바시만의 문제는 아니다. 불과 20여 년 후 대한민국의 이야기다. 세계 과학자 단체 '클라이메이트 센트럴Climate Central'은 우리나라에서 2050년까지 현재 수준과 같은 온실가스 배출이 지속되면 약 40만 명의 거주지가 밀물 때 바다에 잠기게 된다고 한다. 인천, 김포, 부산 등 해안 인접 도시는 물론 양천구 목동, 강서구 마곡동 일대와 올림픽대로 대부분 구간이 물속으로 사라진다는 뜻이다. 방송국들도 이제 이사를 준비해야 할지도 모르겠다.

방송 촬영 덕분에 10년간 남극을 포함해 전 세계 오지를 직접 다니며 수많은 현장을 목격했다. "원래 이런 곳이 아니었는데…", "몇 년 전까지는 이렇지 않았는데…." 이 말은 답사와 촬영 당시 현지인들에게 가장 많이 들었던 얘기다. 이유는 모두가 알고 있다. 화석 연료를 많이 사용하는 자동차와 비행기를 너무 많이 타기 때문이고, 여름과 겨울에 에어컨과 히터를 너무 많이 틀어서이다. 쓰레기를 너무 많이 버려서이기도 하지만, 이를 제대로 처리하지 못해서이기도 하다. 모든 건 포유류 영장목 동물, 인간 때문이다.

그런 이유로 환경 프로그램을 만들게 되었다는 거창한 이야기는 아니다. 이 한 몸 바쳐 누군가를 계몽하고 인류 구원에 일조하겠다는 야무진 꿈을 꾼 건 더더욱 아니다. 나는 환경운동가도 생태주의자도 아니다. 심지어 태생이 다큐멘터리 피디가 아닌 딴따라 예능 피디이다 보니, 환경문제를 다룰 때마다 밀린 시험공부를 하는 것처럼 진땀이 난다. 그럼에도 불구하고 이 문제를 외면하지 않기로 용기를 낸 데에는 다른 이유가 있다.

이제 다섯 살이 된 아들은 눈을 참 좋아한다. 눈 내리는 날엔 놀이터로 나가 펄쩍펄쩍 뛰며 빙글빙글 돈다. 어느 날 문득 '이 아이가 어른이 되었을 때도 여전히 눈이 올까? 눈 내리는 날이 하루라도 더 많아지면 좋을 텐데…'라는 생각이 들었다. 비록 조각엔 소질이 없어 얼음을 깎진 못하겠지만, 조각칼 대신 16년간 밥벌이를 하게 해준 카메라를 들면 제법 유용하겠다는 생각이 들었다.

가위손은 못될지언정 고양이 손이라도 되었으면 했다. 하지만 혼자서는 두려워 존경하는 동료 피디분들께 감히 도움을 청했다. 비슷한 생각을 가진 분들이 모이면 조금 더 큰 목소리를 낼 수 있겠다는 마음으로 말이다. 가위손이 많아질수록, 눈은 더 많이 내릴 테니까.

이 책에는 티브이는 물론 라디오와 책까지, 지상파 3사뿐 아니라 교육방송과 지역방송까지, 아프리카와 아메리카 대륙을 넘어 태평양과 남극까지, 시간과 공간과 매체를 초월해 고군분투한 피디들의 기록이 고스란히 담겨 있다. 평범한 피디들의 이야기지만 내용은 생각보다 비범하고 재밌다. 이 책이 기후 위기에 관심 없는 독자들의 마음까지 움직여 지구의 절박한 아픔에 공감할 수 있게 되기를 감히 소망한다.

— 2024년, 조금이라도 시원한 여름을 꿈꾸며, 김진호

지구를 구하기 위해
할 수 있는 일은 이미 다 알고 있다.
단지 그것을 실행할 정치적 의지가 부족할 뿐이다.

— 알 고어(Al Gore)

＊환경을 위해 잉크 사용을 최소화하였고 재생 펄프 종이를 사용하였습니다.

차례

이 많은 옷들은 다 어디로 가는 걸까?

KBS 김가람 피디

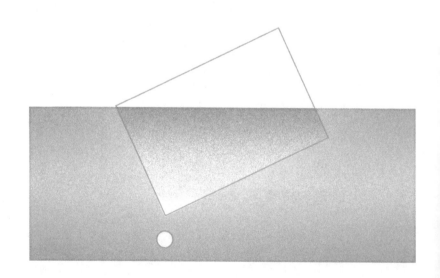

"사람과 자연을 지속 불가능할 만큼
짜내어 이룬 풍요를 '경제 활동'과
'상식'이라는 말로 퉁 치면서 아이들에게
자연을 보호하라고 가르치는 건
영 모양이 빠지는 일이었다.

구입할 자유가 있는 소비자이기에 앞서
생각할 자유가 있는 지구의 일원으로서
쏟아지는 의문들을
더 많은 사람들과 나누고 싶어졌다."

부끄럽지만 나는 그다지 자연을 좋아하지 않는다. 민망하지만 나에겐 비바람이 불지 않는 여의도 근무가 적성에 딱 맞다. 나를 아는 사람들이 이 책을 볼 수도 있으니 더 솔직해져야겠다. KBS 신관 5층에서 나만큼 옷을 좋아하고 많이 사는 사람은 없었다. 〈옷을 위한 지구는 없다〉가 방송되었을 때 오래전부터 알고 지낸 선배가 말했다.

"옷을 그렇게 사대더니 기어이 옷 프로그램을 만들었구나."

'지구가 아파요'라는 말에 마음이 동한 적 없는 아이였던 나는 그대로 자라 환경 캠페인을 잔소리로 여기는 어른이 되었다. 시키면 더

하기 싫은 법. 지속 가능성에 대한 사회적 관심이 높아지고 캠페인이 넘쳐날수록 반감은 더 커졌다.

'음식을 남기지 말라고? 5성급 호텔에 가서도 저런 소리를 하려나? 백화점 식품관에서 안 팔리고 남은 음식이 우리 집에서 나온 쓰레기보다 훨씬 많을 텐데.'

'페트병으로 만든 친환경 티셔츠라고? 2010년 월드컵 때도 페트병으로 만든 유니폼으로 지구를 살린다고 하더니.'

'물을 아껴야 하니 시트를 갈지 말라고? 내돈내산으로 호캉스 왔는데 욕조에 물 가득 받고 시트도 매일 갈아달라고 해야지. 오늘 이 물, 내가 안 쓴다고 지구가 시원해지는 것도 아니잖아. 지구가 뜨거워지면 여기저기 물에 잠기고 난리가 날 거라고? 그 전에 많이 놀러 다니고 사는 동안 최대한 누려야겠다.'

이런 시커먼 마음으로 환경 프로그램 제작팀에 간 거냐고 욕하면 할 말이 없다. 하지만 장담하건대, 유별난 악인만이 저런 생각을 하는 게 아니다. 지금 누군가 내 앞에서 '환경 보호하란 소리 지겨워 죽겠다'라고 해도 비난할 생각은 전혀 없다. 그분들이 바로 나의 타

깃 시청자이기 때문이다. 환경에 대한 관심보다 의심이 더 깊은 사람들, 나처럼 먹고살기 바쁜 그분들에게 보여주기 위해 〈지구는 없다〉 시리즈를 만들어왔다.

환경이라는 주제에 발을 들이게 된 시기는 2020년 봄, 〈생로병사의 비밀〉을 연출할 때였다. 코로나19 감염 위험으로 병원 출입이 거의 불가능해, 다른 현장을 찾아야만 했다. 물론 게으른 인간이라 인터넷으로 찾았다. 처음에는 단순한 호기심이었다. 전국에서 암 발병률이 가장 높은 마을은 어디일까? 그러다 보니 '암 마을'이라고 불리는 곳을 알게 되었고, 그곳에는 어김없이 환경문제가 있었다. 그리고 늘 불청객으로 살아온 교양 피디를 격하게 반겨주는 주민들이 있었다.

"우리 동네에 시멘트 공장이 들어선다는데 취재 좀 해줘요."
"물 맑고 공기 좋은 마을에 소각장이 웬 말이냐!"

물 맑고 공기 좋은 마을이라…. 〈6시 내 고향〉을 만들던 신입 피디 시절, 전국 어딜 가나 듣던 바로 그 말. 이 닳고 닳은 수식어를 처음으로 곱씹어 보았다. 물이 맑고 공기가 좋은 곳에 공장과 소각장을 지으면 안 된다, 그렇다면 어디에 지어야 할까? 물이 더럽고 공기가 탁한 곳에 더 지어야 할까? 처음부터 물이 더럽고 공기가 탁한 동네가 있을까? 우리 동네의 물이 맑고 공기가 좋은 건 그동안 다른 동네에서 공장이 돌아가고 쓰레기가 처리되었기 때문 아닐까?

주민 3분의 1이 암에 걸렸다는 마을에 간 날, 소각장 굴뚝의 핑크색 연기를 보며 깨달았다.

'지구가 넓어서 어디선가 잘 처리될 줄 알았더니 아니었구나. 기술이 발달해서 어찌어찌 잘 사라질 줄 알았더니 아니었구나. 지금처럼 계속 만들고 버리면 누군가에게 해를 끼치게 되는구나. '내돈내산'이라며 큰소리치면 안 되겠구나.'

타인의 건강과 자연을 회복하지 못할 만큼 망치는 대가로 '제대로 된 값'을 치렀다는 것은 말이 안 되는 일이다. 그게 과연 얼마인 줄 알고?

그래서 더러운 곳을 찾아다니기 시작했다. 우리의 공장과 화장실 역할을 하고 있는, 그러면서도 냄새나고 지저분하다고 손가락질까지 당하는 곳이 궁금했다.

절대로 지구가 걱정이 되어서, 마음이 아파서 시작한 일이 아니다. 지구에 뭔가 심각한 일이 일어나고 있다면 잘잘못을 합리적으로 가리고 우리의 돈과 시간을 효율적으로 쓸 방향을 찾아보고 싶었다.

〈지구는 없다〉 시리즈 시작이 '옷'이 된 건 우연이었다. 늘 그렇듯 좋은 일 한다는 마음으로 헌옷 수거함에 옷을 가득 넣던 그때, 방송 프로그램 이름이 박힌 단체 티셔츠를 보며 문득 궁금해졌다. 이런 것도 입을 사람이 있을까? 이 많은 옷들은 다 어디로 가는 걸까?

처음엔 지방의 어느 소각장에서 태워질 거라 생각했다. 순전히 호기심에 헌옷들의 행방을 찾던 중 해외 인스타그램 계정에서 믿기 힘든 사진 하나를 보았다. 헌옷이 켜켜이 쌓인 언덕 위에서 소들이 풀 대신 합성 섬유를 먹고 있는 모습이었다. 헌옷은 계속해서 수레에 실려 오고, 한편에서는 오래된 옷이 불타며 검은 연기를 뿜고 있었다. 사진이 찍힌 곳은 가나의 중고 시장. 사진의 주인인 환경단체 대표에게 바로 메일을 보냈다. 줌 미팅으로 취재를 시작했다.

"혹시 한국에서 온 헌옷도 본 적이 있나요?"

"네, 매주 봐요. 노란색 포대에 메이드 인 코리아가 적혀 있어서 아주 눈에 띄죠."

〈옷을 위한 지구는 없다〉는 그렇게 시작됐다. 〈환경스페셜〉 팀에 오면서 패스트 패션 문제를 다뤄보고 싶다는 생각은 했지만 기존

프로그램들과 다르게 만들 자신이 없어 미뤄둔 터였다. 첫 장면은 헌옷 수거함으로 시작, 옷을 많이 사는 젊은 여성이 한 명 나와 자신이 사는 옷에 대해 이야기하는 장면, 해외 의류 공장으로 마무리되는 프로그램을 굳이 하나 더 만들 필요가 없다는 생각이었다. 하지만 쓰레기산에서 섬유를 뜯는 소를 본 순간, 뭔가 다른 걸 만들 수 있겠다는 확신이 들었다.

제작 과정에서 늘 되새겼던 건 가나의 '옷의 산'과 방글라데시의 '옷의 강'이 그저 가난한 나라가 지저분하게 사는 이야기로 끝나선 안 된다는 것이었다. 이 장면은 그리 오래지 않은 우리의 모습이기도 했다. 1970년대 한국은 경제 발전을 위해 오염 산업을 받아들이고 안양천이 시커메지도록 공장을 돌렸다. 소년들이 언제 무너질지 모르는 갱도에 들어가야 하는 건 오늘날 콩고민주공화국의 일이기도 하지만, 1960년대 우리의 일이기도 했다. 만약 그때 내가 한국에서 태어났다면 먹고살기 바쁜 이들 틈에서 환경을 보호하자는 목소리를 낼 수 있었을까?

묻고 싶었다. 최저가에 사람들의 노동을 사고, 최저가에 그 나라의 자연을 오염시켜서 이득을 얻는 것은 누구일까? 오염 정화 장치를 설치할 수 없을 만큼 저가에 주문을 발주하고, 어린 소녀들이 주말도 없이 일하도록 빠른 납품을 요구하는 것은 누구일까? 기분 전환으로 옷을 사고 한철 입은 뒤 내다버리며 똑똑한 소비라 뿌듯해하는 것은 누구일까? 의류 브랜드의 친환경 캠페인에서는 의식 있는 소비로 지구를 살리자며 금발 미녀들이 초록 들판을 뛰어다닌다. 우리가 보고 싶고 듣고 싶고 함께 하고 싶은 '지속 가능성'이란 그런 것이다. 하지만 우리가 잔뜩 사고 버린 옷의 마지막을 감당하는 사람들은 불타는 옷 무덤가의 검은 연기 속에서 오늘을 살고 있다.

역설적이게도 〈옷을 위한 지구는 없다〉를 만든 뒤, 제작자로서 기후 문제에 대한 관심이 옅어졌다. 나를 괴롭히는 건 10년 뒤 지구에 큰일이 날 수 있다는 불안감이 아니었다. '기온이 안 오른다고 해도 이건 아니지'라는 불편함이었다. 그건 지독한 비논리성을 마주할 때 생기는 감정과 같았다. 플라스틱 사용을 줄이자면서 썩지도 않는 옷이 매년 1,000억 벌씩 만들어지는 걸 두고 보는 비논리성, 인플레이션으로 식품 값이 몇 % 올라가는 것은 걱정하면서 생산되는 음식의 3분의 1이 버려지는 것은 '어쩔 수 없는 일'로 여기는 비논리성에 대한 메스꺼움이었다. 사람과 자연을 지속 불가능할 만큼 짜내어 이룬 풍요를 '경제 활동'과 '상식'이라는 말로 퉁치면서 아이들에게 자연을 보호하라고 가르치는 건 모양 빠지는 일이었다. 구입할 자유가 있는 소비자이기에 앞서, 생각할 자유가 있는 지구의 한 사람으로서 쏟아지는 의문을 더 많은 사람들과 나누고 싶어졌다.

2023년 봄, 〈지구는 없다〉 시리즈의 네 번째 주제로 플라스틱 쓰레기 무역을 취재한다고 하자 주변 사람들은 고개를 갸우뚱했다.

> "그거 오래된 이야기 아니야? 요즘은 폐플라스틱을 못 구해서
> 난리라던데."

친환경 흐름 속에 세계 플라스틱 재활용 시장은 60조로 성장했고, 폐플라스틱을 석유로 만드는 기술에 대기업들의 투자가 이어지고 있다. 게다가 유럽연합EU이 2030년까지 플라스틱 용기에 재활용 소재를 30% 이상 사용하는 것을 의무화하며, 투명 페트병처럼 재활용하기 좋은 폐플라스틱은 귀한 몸이 되었다.

　중국이 폐기물 수입을 중단하면서 선진국의 플라스틱 쓰레기가 동남아시아로 흘러 들어간 것도 꽤나 오래전 뉴스다. 필리핀 대통령이 캐나다 총리에게 쓰레기를 되가져가지 않으면 직접 가져다주겠다고 으름장을 놓은 것이 무려 6년 전, 2018년의 일이다. 당시 우리나라에도 필리핀이 돌려보낸 컨테이너가 도착해 잠시 언론이 떠들썩했다. 컨테이너 안에는 비닐, 과자 봉지, 일회용 컵 뚜껑과 같은 작은 플라스틱 제품이 가득했다. 국내 업체는 '재활용 가능한 폐플라스틱'이라며 수출했다는데, 사람들의 눈에 그건 영락없는

쓰레기였다. 하지만 업체의 말이 완전히 틀린 것도 아니었다. 엉켜 있는 작은 빨대, 과자 봉지를 품목별로 골라내 색깔과 소재별로 분류하고 묻어 있는 음식과 화학제품을 잘 세척한 다음 각각의 소재를 가공하겠다는 업체를 찾아내면 이론상 재활용은 가능할 것이다. 누군가 이 모든 수고를 감수하겠다고 하면 또 생각해야 할 것이 있다. 그렇게 재활용하는 것이 새 플라스틱 제품을 만드는 것보다 이득인가? 왜 이런 자그마한 플라스틱 조각들이 국경을 넘어야 하는지 어렴풋이 알 것만 같았다. 세계 최고의 재활용률을 자랑하는 독일 전문가의 의견이 궁금했다.

"재활용할 수 없는 플라스틱은 어떤 것들인가요?"

독일 자연보존협회NABU의 미하엘 예들하우저 박사의 답변은 명료했다.

"이론상 재활용이 불가능한 플라스틱은 없습니다. 복합 재질을 일일이 분리해야 하는 비용이 문제죠. 시중에 나와 있는 대부분의 플라스틱 제품은 다양한 종류의 플라스틱들이 접착되어 있어 분리가 어렵습니다. 사실상 재활용이 불가능하죠. 결국 소각해야 하는데 독일에서 소각은 비용이 많이 듭니다. 개발도상국으로 보내는 게 더 저렴해요."

세계적 이슈가 되었던 의성의 쓰레기산, 폐비닐 대란을 거치며 플
라스틱 재활용 시스템이 견고하지 못하다는 것을 알게 되었다. 많
은 뉴스 보도가 영세한 재활용 업계의 일손 부족, 분리수거를 제대
로 하지 않는 소비자의 무관심을 지적했다. 그러나 '일손 부족' 뒤
에 숨은 문제의 근간에 경제성이 있었다. 인력을 투입해서 잘 골라
내면 재생 공장에 좋은 값에 팔 수 있는 몇몇 플라스틱이 있다. 이
를테면 투명한 플라스틱 생수병과 같은 것들이다. 이런 귀한 플라
스틱은 웬만해선 국경을 넘지 않는다. 국경을 넘는 것은 즉석밥 포
장지, 파스 포장지, 마스크 포장지, 치약과 같이 재활용 선별장에
서 '잔재' 또는 '위탁 처리'로 불리는 것들이다. 1톤에 10만 원 내외
의 비용을 들여 내보내야 하는, 지금의 재활용 시스템에서는 시장
가치가 없는 플라스틱들. 이런 것들이 운 나쁘게 브로커를 만나면
동남아시아로 향하게 된다.

"폐기물 업계에는 유명한 말이 있습니다. 쓰레기는 가장 저렴
한 길을 찾아간다는 거죠. 독일 폐플라스틱의 3분의 1은 말
레이시아, 터키, 인도네시아와 같은 나라로 가고 있습니다."

미하엘 예들하우저 박사와의 인터뷰는 2023년에 이루어졌다. 선진국의 플라스틱 쓰레기 수출이 외교 문제로 비화되었던 2018년이 아니다. 반면 동남아시아에 수입 플라스틱 쓰레기산이 생기고 있다는 기사는 2019년에 왕창 쏟아졌다가 이내 잠잠해졌다. 플라스틱 쓰레기 수출을 규제한 바젤협약 수정안이 발표된 것이 2021년, 뉴스를 보면 모든 문제가 해결된 듯했다. 진짜 해결이 된 건지 현장에 가볼 때가 되었다.

재활용 마크의 배신

밤사이 내린 비로 바닥은 축축하게 젖어 있었다. 기온 33도, 구름 사이로 뜨거운 해가 드나들기를 반복하는 후텁지근한 여름날이었다. 대구에서 자란 나는 이런 찜통더위에 익숙했다. 하지만 잠입 취재를 위해 마스크에 히잡까지 쓴 터라 얼굴은 금세 땀에 젖었다. 플라스틱 쓰레기 더미에 발이 빠져 넘어지기를 수차례. 어디가 무너질지 알 수 없는 바닥은 플라스틱 재활용의 위태로운 현실처럼 느껴졌다. 나는 인도네시아 수도 자카르타 근교, 세랑의 어느 제지 공장 뒤뜰에 서 있었다.

드론을 띄워보니 주변은 온통 푸른 논밭. 머리 위를 지나가던 비행기가 엄청난 양의 플라스틱 쓰레기를 쏟아버린 것만 같았다. 축구장 10개 넓이에 달하는 거대한 수입 플라스틱 쓰레기 더미가 마을을 조금씩 파먹고 있었다. 그곳은 매립지도, 소각장도 아니었다. 쌓여 있는 것들은 엄밀히 말하면 쓰레기도 아니었다. '재활용 가능한 자원'이라는 이름으로 수입된 폐지 틈에 섞여 온 플라스틱들이었다.

플라스틱으로만 이루어진 쓰레기산은 별다른 냄새가 없었다. 썩은 음식과 까마귀 떼가 없는 것만으로도 고요함이 느껴졌다. 지층을 이루고 있는 것은 모두 얽히고설킨 플라스틱 포장재, 우리가 흔히 '비닐'이라 부르는 것들이었다. 쓰레기장 위에는 허물어져 가는 천막이 수십 개 있었다. 쓸 만한 플라스틱 조각을 모아 생계를 이어가는 사람들이 비와 해를 피하는 곳이었다.

오후 2시가 되자 제지 공장의 트럭이 나타나 플라스틱 쓰레기를 한바탕 쏟아냈다. 나는 사람들 틈에서 뒤쳐질 새라 '갓 나온' 쓰레기를 향해 달려나갔다. 축축하게 젖은 플라스틱 조각을 맨손으로 헤집는 이들 곁에서 나 역시 '쓸 만한' 그림을 찾아야 했다.

흔히 보이는 것은 미국 아마존 프라임의 배송 비닐이었다. 두 가지 종류가 있었는데, 하나는 쿠팡 로켓배송 비닐처럼 흐물흐물한 포장지였다. '이 패키지는 가장 작은 상자보다 더 가볍습니다'라는 문구와 함께 비닐의 환경적 이점을 알려주는 링크가 인쇄되어 있었다. 다른 하나는 내부에 '뽁뽁이'라는 완충재가 있는 포장으로 재활용 마크가 아마존 로고만큼이나 크게 박혀 있었다.

독일어와 유로로 상금이 표시된 음료 브랜드의 사은 행사 안내판, 일본 사이타마에 있는 동물병원의 멤버십 카드, 네덜란드의 신용카드, 호주의 두루마리 휴지 비닐 포장, 한국의 미숫가루 포장까지. 종류와 국적은 다양했다.

눅눅한 플라스틱 더미에 고개를 박고 나는 홀린 듯이 쓰레기를 발굴해 나갔다. 처음 과자 포장지 몇 개를 보며 '인도네시아로 수입된 제품이 아닐까?' 했던 합리적 의심은 '로스앤젤레스 통합 교육구 교육위원회', '런던 오스몬드 스트리트 병원'과 같이 도저히 변명의 여지가 없는 문구를 보면서 허탈함으로 바뀌어갔다. 게다가 내가 발굴한 것들에는 대부분 선명한 마크 하나가 있었다. 화살표 3개가 돌아가며 삼각형을 이루는 바로 그 마크. 잘 분리해서 모으면 새 물건으로 다시 태어날 테니 괜찮다고 위로해주는 마법의 표시.

돈 받고 딴소리하는 나라들?

이상했다. 인도네시아의 재활용 기술이 얼마나 대단하기에 선진국들이 이 폐플라스틱을 이렇게 멀리까지 보낸 걸까? 게다가 인도네시아는 중국에 이어 해양 플라스틱 폐기물 배출량 세계 2위로 비난받는 나라다. 그런 나라로 재활용의 부담을 떠넘기는 건 우리가 우러러보는 친환경 국가들이었다.

〈지속 가능한 지구는 없다: 재활용 식민지〉 방송 후, 댓글의 상당수
는 '돈 받고 딴소리하는 나라'를 탓했다. 하지만 이런 거래를 정말
필요로 하는 건 누구일까? 2018년 중국은 환경보호를 위해 폐플라
스틱을 포함한 24종의 폐기물 수입을 중단하겠다고 발표했다. 세
계는 이를 환영하지 않았다. 미국은 중국이 폐기물 공급망을 교란
하고 재활용을 방해한다며 세계무역기구WTO에 문제를 제기했다.
미국뿐만이 아니었다. 세계무역기구의 유럽연합EU 대표는 중국이
폐기물을 수입하지 않으면 재활용을 위한 인프라가 없는 다른 나
라로 폐기물이 이동하거나 소각, 매립될 것이라고 주장했다. 불행
하게도 허풍이 아니었다. 전 세계 폐플라스틱의 절반 이상을 수입
하던 중국이 빗장을 걸어 잠그자, 선진국들은 플라스틱 쓰레기의
행선지를 동남아시아 국가로 바꿨다.

이보다 앞서 2016년에는 케냐, 우간다 등으로 구성된 동아프
리카공동체EAC 회원국들이 중고 의류 수입을 점차 중단하겠다고
나섰다. 환경도 환경이지만 자국의 섬유 산업을 위한 결정이었다.
그러자 미국은 곧바로 관세 보복을 예고했고 아프리카 국가들의
야심찬 계획은 흐지부지되고 말았다. 지금도 선진국의 헌옷은 아

프리카로 밀려들고 있다. 환경오염의 주범이 개발도상국들이라며 비난하던 국가들은 이들이 폐기물을 그만 받고 환경을 돌보겠다고 하면 하던 일이나 계속하라며 으름장을 놓는다.

불합리하다. 부당하다. 병 보증금 제도가 자리 잡은 독일을 본받아 재활용률을 높이자는 얘기는 그만하면 됐다. 플라스틱 쓰레기를 수출하면서 '재활용 모범 국가'가 되고 그 쓰레기를 받은 나라들을 '환경오염의 주범'이라 비난하는 나라들에게 말하고 싶었다.

"제발, 하나만 합시다."

| 플라스틱 쓰레기를 연료로 사용해 만드는 두부 |

바젤협약에 따라 플라스틱 폐기물의 국가 간 이동은 엄격한 규제의 대상이다. 즉 오염되거나 혼합되거나 재활용이 불가능한 플라스틱의 수출입은 인도네시아에서도 불법이다. 또한 인도네시아는 폐지, 고철 등 재활용 가능한 자원을 수입할 때 기타 오염 물질은 2% 한도 내에서 허용한다. 폐지 컨테이너에 섞여 들어온 기저귀, 택배 포장 비닐과 같은 플라스틱들은 돈을 줬든 어쨌든 불법이라는 이야기다. 그러나 인도네시아 환경단체 '에코톤'의 설립자 프리기 아리산디에 따르면, 수입된 폐지 컨테이너 속 내용물의 약 40%가 플라스틱 쓰레기라고 한다.

"이건 식민지와 다름없어요. 선진국들은 재활용이 오염을 유발한다는 것을 잘 알고 있거든요. 선진국들은 그들의 강이 더러워지는 것을 싫어해요. 그래서 돈을 위해 기꺼이 오염을 감수하는 나라를 찾아냅니다. 선진국은 쓰레기를 내다 버릴 곳이 필요하고 인도네시아는 그 쓰레기를 환영하니까 결국 지금 같은 일이 벌어진 거죠."

"제지 공장은 왜 불순물이 많은 걸 알면서도 플라스틱 쓰레기가 섞인 폐지를 계속 수입하나요? 거래처에 불만을 제기하면 되잖아요."

"불순물이 섞인 것이 훨씬 저렴하니까요. 컨테이너에서 쓸 만한 폐지만 골라서 재생 용지를 만들고, 플라스틱 쓰레기는 마을 사람들에게 헐값에 팔아넘기면 되니까 손해 볼 것이 없죠. 마을에서는 오히려 소일거리가 생겼다고 좋아합니다."

결국 다 알면서도 일어나는 일이었다. 인도네시아 항구의 컨테이너 검사가 철저하지 않다는 것, 인도네시아 제지 공장은 폐지의 순도보다 가격을 중요시한다는 것을 알고 선진국에서는 플라스틱 폐기물이 잔뜩 섞인 폐지를 수출하고 있었다. 그렇게 법을 어기며 수출된 플라스틱이 아무렇게나 태워지며 다이옥신을 뿜어내고 강으로 흘러들어가 생태계를 파괴하는 것을 친환경 국가들이 모를리 없다.

인도네시아인들도 마찬가지다. 플라스틱 쓰레기가 섞여 있는 것을 알면서도 제지 공장은 두 팔 벌려 폐지를 수입하고, 마을 사람들은 폐지에 섞인 플라스틱을 골라내며 부수입을 얻는다. 인근의 두부 공장들은 플라스틱 쓰레기를 헐값에 사들여 연료로 사용하고 있었다. 나무 땔감에 쓰는 돈을 아낄 수 있으니 공장 사장들도 기분이 좋다. 이런 곳에서 프리기와 같은 환경운동가는 공공의 적이 된다. 쓰레기를 보낸 나라는 손을 털고, 쓰레기를 받아들인 나라의 사람들끼리 싸움을 한다.

플라스틱 쓰레기를 사랑하고 또 증오하고

"물과 공기가 오염되면 결국 피해를 입는 건 우리 아이들이에요. 우리 사회는 이 문제 앞에 침묵합니다. 그것이 저를 슬프게 해요."

환경 분야의 노벨상으로 불리는 골드만상 수상자인 프리기 아리산디는 아내 다루와 함께 플라스틱 문제에 맞서 싸우고 있다. 생물학자이자 환경운동가인 이들 사이에는 딸이 3명 있는데 첫째 소피와 둘째 다라는 대학에서 환경을 전공하며 부모님의 행보를 따르고 있다. 막내딸인 니나는 이제 열여섯. 블랙핑크 노래를 따라 부르고 틱톡에 영상 올리기를 좋아한다. 열두 살 때 미국의 트럼프 대통령에게 쓰레기를 보내지 말라는 편지를 써서 답장을 받은 바로 그 소녀가 니나다. 2021년 유엔기후변화협약 당사국 총회에 초청받고, 플라스틱 건강 정상회의의 연사로 나서 "여러분의 플라스틱 쓰레기가 우리 마을을 더럽히고 있어요"라며 호소했던 니나는 어느새 아버지보다 더 유명한 환경운동가가 되었다.

2023년 8월, 나는 니나의 가족을 만나러 홀로 인천공항에서 출발했다. 환경문제를 취재하던 외국 언론인의 체포와 추방이 여전히 빈번한 현지 사정을 고려하면 어쩔 수 없는 선택이었다. 인도네시아 제2의 도시 수라바야 공항에 도착하자 이미 사진으로 낯이 익은 두 남자가 나를 반겨줬다. 인터넷 검색으로 찾은 현지인 촬영감독 아르딜레스, 그리고 니나의 아버지 프리기였다. 우리는 수라바야 근교 니나의 집에서 함께 머무르며 수입 플라스틱 쓰레기를 사랑하고 또 증오하는 인도네시아인들의 일상을 담아보기로 했다.

니나는 귀엽고 용감한 소녀였다. 처음 니나에 관한 기사를 봤을 때는 '어린 아이가 뭘 알겠어? 유명한 환경운동가인 아버지가 써준 글을 따라 읽은 게 아닐까?'라는 생각을 하기도 했다. 그런데 만나 보니 현장에서 늘 앞장서서 걷는 건 니나였다. 니나는 플라스틱 쓰레기를 태우는 석회석 공장에서 망설임 없이 검은 연기 속으로 들어갔고, 아버지인 프리기는 그 모습을 전전긍긍하며 바라보았다. 기자들만 보면 내쫓는 플라스틱 쓰레기 마을에서도 니나는 주민들의 일을 도와주며 자연스럽게 대화를 이끌어냈다.

　니나를 따라 들어간 두부 공장에서는 우리나라의 파스 포장지, 즉석밥 뚜껑, 치약 튜브가 연료로 불타고 있었다. 두부를 프라이팬에 던져 넣은 직원은 불이 잦아들세라 바로 옆 아궁이에 플라스틱 쓰레기를 계속 넣었다. 보글보글 기름이 끓는 소리에 입맛이 떨어지기는 처음이었다. 슬레이트 지붕 틈새로 가끔 햇살이 스미면 먼지인지 재인지 플라스틱 조각인지 알 수 없는 것들이 눈앞에 둥둥 떠다녔다. 잠시 숨을 고르러 밖으로 나와 보니 굴뚝에서는 플라스틱을 태운 새까만 연기가 하늘로 피어오르고 있었다. 넋을 놓고 바라볼 일이 아니었다. 급히 드론을 띄웠다. 검은 연기를 내뿜는 공장, 당장 보이는 것만 해도 10개가 넘었다.

　　"니나, 인도네시아 플라스틱 쓰레기에 관한 기사가 거의 없어
　　서 문제가 다 해결된 줄 알았어요."

"정말 슬픈 건 많은 나라의 정부들이 빈말을 했다는 거예요. 약속과 말만 했죠. 수입 쓰레기가 뉴스에 나오고 주목을 끌 때 정부는 규정을 만들자며 서둘러요. 그러다 더 이상 아무도 주목하지 않으면 이 문제를 완전히 무시해요. 다시 잊히고 마는 거죠."

니나가 집어올린 플라스틱 조각이 그 증거였다. 우리는 석회석 공장의 연료 더미에서 'Australian Government Department of Finance 호주 정부 재무부'가 떡하니 적힌 코팅된 종이를 발견했다. 'How to print'라는 제목의 인쇄기 사용 안내문은 호주 재무부의 어느 사무실에서 사용하다 버린 것이 틀림없었다. 2019년 총리가 직접 나서 플라스틱 쓰레기 수출을 중단하겠다고 기자회견까지 했던 호주였다.

"솔직히 실망스러워요. 그런 약속들을 존중해야 할까요. 사실 더 이상 놀랍지도 않아요. 하지만 슬프네요."

돈을 주고 쓰레기를 떠넘긴 어느 호주인, 뭔가 건질 것이 있으니 쓰레기를 받아들인 어느 인도네시아인. 양쪽을 불러다 누구의 잘못인지 따져 묻고 싶은 생각은 없었다. 그저 눈앞에 놓인 현실이 씁쓸

했다. 이렇게 먼 나라까지 플라스틱 쓰레기를 보내야 돌아가는 것이 재활용이라면, 그렇게 해야 선진국들이 자랑하는 높은 재활용률이 달성되는 것이라면 이건 지속가능한 것이 아니다.

지켜지지 않은 32년 전의 약속

수입 쓰레기에 맞서는 용감한 소녀를 찾아 인도네시아로 떠났던 나는 '재활용'이라는 시스템 자체에 의문을 안고 돌아왔다. 어디서부터 잘못된 걸까? 며칠간 편집실에 박혀 회사 아카이브를 뒤졌다. 1960년대 흑백 뉴스부터 쓰레기와 재활용에 관한 것이라면 닥치는 대로 재생 버튼을 눌렀다. 그리고 두 가지 사실을 발견했다.

첫째, 플라스틱이 사회문제로 대두된 것은 아주 오래전부터였다. 이미 1980년대 초반부터 '플라스틱 공해, 어떻게 대처할 것인가?', '껍데기의 천국, 일회용품의 피해'와 같은 심층 보도가 쏟아졌다. 한 번 쓰고 버리는 플라스틱이 썩지도 않고 자연을 해친다는 앵커의 멘트는 요즘의 뉴스와 다를 것이 없었다.

둘째, 플라스틱 문제를 해결하겠다며 본격적으로 재활용을 시작한 것도 30년이 넘었다. 1988년 미국 플라스틱산업협회는 '플라스틱 수지 식별 코드'라는 걸 고안했다. 'PET', 'LDPE', 'PP'와 같이 플라스틱 종류마다 숫자를 붙이고 재활용을 상징하는 삼각형 화살표를 더했다. 오늘날 많은 소비자들은 이 마크를 '재활용 가능 표시'로 인식한다. 이 코드를 제품에 새겨 '모든 플라스틱은 재활용된다'라는 인식을 퍼뜨린 것이 바로 플라스틱 제조업계였다. 더 놀라운 것은 당시 우리나라의 뉴스였다.

> "우리 주변, 일상 용품을 담는 용기 가운데에는 여러 가지 재료를 섞어서 만든 복합 용기가 많습니다. 이들은 잘 썩지 않는 부분이 많고 쉽게 분리하기도 어려워서 재활용은 거의 불가능합니다."
> — 1992년 5월 29일, KBS 〈뉴스9〉

재활용품 집하장에 나간 기자는 페트병을 집어 들며 뚜껑, 라벨, 몸체가 PP, PE, PET로 각각 다른 복합 재질이라 재활용이 어렵다고 지적했다. 2023년 11월, 천안시 재활용 선별장에 촬영을 갔을 때 바디워시 용기를 집어든 작업반장님이 말한 '재활용의 애로사항'과 판에 박은 듯 똑같았다. 32년 전의 뉴스와 똑같은 질문, 똑같은 대답을 해도 보도의 시의성이 살아 있다는 것은 우습고도 아주 서글픈 일이었다.

1992년 뉴스 속의 기자는 이어서 불타고 있는 세제 용기로 향했다. 지금 우리 집 세탁실에 있는 것과 놀랍도록 똑같이 생긴 물건이었다.

"테두리는 플라스틱으로 되어 있고 다른 부분은 종이로 되어 있기 때문에 원료로 재생할 수 없고, 일일이 분리하려면 시간과 인건비가 들기 때문에 그냥 버립니다."

이 역시 내가 2023년에 현장에서 들은 말과 똑같았다. 세제 용기를 일일이 분리하고 세척하는 비용을 생각하면 재활용하지 않는 게 낫다는 대답이 30년째 유효하다니! 1992년의 뉴스 리포트는 알차게도 정부의 대책까지 담고 있었다.

"적어도 7월까지는 이러한 복합 용기에 대한 규제 방안을 마련해서 앞으로 강력히 사용 규제를 할 계획입니다."

32년 전 환경처(현 환경부) 폐기물 과장의 약속은 지켜지지 않았고, 여전히 우리는 끙끙대며 '재활용'이라는 숙제를 풀지 못했다.

"1,000여 평의 집하장에 폐플라스틱이 산더미처럼 쌓여 있습니다. 폐플라스틱을 싣고 온 차량입니다. 보시는 것처럼 내려둘 곳을 찾지 못한 채 차들이 뒤엉켜 있습니다."

— 1995년 1월 7일, KBS 〈뉴스9〉

"재활용이 안 되는 플라스틱이 30% 가량 섞여 있는 탓에 이를 재분류하는 데만 한 해 평균 77억여 원이 들고 있습니다."

— 2001년 12월 20일, KBS 〈뉴스9〉

"우리나라뿐만 아니라 지금 전 세계가 재활용 쓰레기 처리 문제로 비상입니다. 전 세계 재활용 쓰레기의 절반을 수입했던 중국이 올해부터 재활용 쓰레기 수입을 금지했기 때문인데, 각국이 대안을 찾고 있지만 뾰족한 수가 없는 실정입니다."

— 2018년 4월 3일, KBS 〈뉴스광장〉

"코로나19 이후 배달음식이나 일회용품 사용이 늘면서 플라스틱 쓰레기도 덩달아 크게 늘고 있습니다. 하지만 외국으로 수출하는 방식의 재활용 처리가 줄면서, 야적장이나 선별장에 방치되고 있어 지자체의 골칫거리가 되고 있습니다."

— 2020년 11월 27일, KBS 〈뉴스7〉

"한국소비자원이 국내 상위 15개 화장품 유통 판매 업체를 대상으로 조사를 했더니, 294개 제품 가운데 63% 가량이 '재활용 어려움' 등급이었습니다."

— 2023년 3월 28일, KBS 〈통합뉴스룸 ET〉

항복할 수밖에 없었다. 재활용만 잘 하면 되지 제로웨이스트까지 해야 하냐고 툴툴대던 나는 두 손 두 발 다 들었다. 1992년에 복합 재질이라 재활용이 어렵다고 했던 용기는 2024년에도 재활용이 어렵다. 30년이 지나도 이러한 상황이라면, 재활용으로 플라스틱 문제를 해결할 수 있다고 말하는 사람이 오히려 이상주의자가 아닐까?

환경부에 따르면 국내 플라스틱 재활용률은 73%에 이른다. 하지만 여기에는 물질적 재활용이 어려워 시멘트 공장 등에서 연료로 태운 플라스틱도 포함된다. 이른바 '열적 재활용'이라고 불리는 에너지 회수인데, 유럽연합EU에서는 재활용 범주에 포함시키지 않는 방식이다. 이를 제외하면 우리나라의 실질적 플라스틱 재활용률은 27%에 그친다. 플라스틱 재활용률이 세계 최고라는 독일은 약 46%의 재활용률을 기록했다. 독일은 플라스틱 재활용률도 세계 최고인데, 폐플라스틱 수출도 세계 최고인 이유가 무엇이냐는 질문에 미하엘 예들하우저 박사는 겸연쩍은 웃음을 지으며 대답했다.

"개발도상국으로 폐기물을 수출해도 독일의 재활용 실적으로 인정받을 수 있어요. 수출을 안 하면 실제 법으로 정해진 재활용 할당량을 지키기 어려워요. 독일 폐기물 처리에 아직 수출이 꼭 필요하다는 뜻이죠."

니나의 마을에서 본 '코카콜라 베를린' 비닐 포장이 독일의 재활용 실적에 포함되고 있다는 걸 생각하니 이 모든 것이 거대한 블랙 코미디처럼 느껴졌다.

플라스틱 문제를 해결할 방법은 재활용이 아니다

재활용을 위한 30년의 고군분투를 비웃기라도 하듯 플라스틱 생산량은 가파르게 증가하고 있다. 유엔환경계획에 따르면 매년 생산되는 플라스틱은 4억 3천만 톤, 2060년에는 현재의 약 세 배가 될 것으로 전망된다.

플라스틱 원료의 99%는 석유와 같은 화석연료다. 영국의 에너지 기업 브리티시 페트롤리엄BP에 의하면 향후 20년간 세계 석유 수요 증가에 가장 높이 기여하는 것이 바로 '플라스틱' 제조다. 전 세계 기온이 1.5도 이상 오르는 것을 막기 위해 화석연료 사용 감축이 필수인 것을 고려하면 플라스틱의 진짜 문제는 '폐기'가 아니라 '생산'에서 시작되는 셈이다. 설령 모든 나라가 각자의 플라스틱을 스스로 재활용하는 아름다운 세상이 온다고 해도 플라스틱 생산에 화석연료가 사용되는 것은 변하지 않는 사실이다. '재활용을 잘하면 플라스틱 문제를 해결할 수 있다'라는 주장에는 대가가 따른다. 그런 믿음이 퍼질수록 플라스틱 사용을 줄여야 할 절박함은 옅어지기 때문이다.

물론 기술도, 시민의식도 점점 나아지고 있다. 앞으로도 나는 더욱 열심히 페트병의 라벨을 떼고 용기를 깨끗이 씻어 분리수거에 동참할 것이다. 그러나 OECD에 따르면 전 세계의 플라스틱 중 실제 재활용되는 것은 약 9%에 불과하다. 19%는 소각, 50%는 매립되었고, 22%는 통제를 벗어나 자연으로 흘러 들어갔다. 재활용을 열심히 하되, 재활용이 안 된다고 생각하고 플라스틱 사용을 적극적으로 줄여나가는 것이 필요한 이유다.

또한 요구해야 한다. 소비자에게 라벨을 떼라고만 하지 말고 제품을 재활용이 쉬운 재질로 만들고, 일회용 플라스틱 사용을 최소화할 수 있는 제도를 마련하라고 떠들어야 한다. 납세자이자 소비자로서 우리는 정부와 기업이 돈을 효율적인 방향으로 쓰도록 요구할 권리가 있다. 35년 만에 칠성사이다가 초록색 페트병을 포기한 것과 지하철역에서 일회용 우산 비닐이 사라진 것은 저절로 생긴 일이 아니다. 그러니 열심히 군불을 땔 것이다. '이런 쓸데없는 짓은 왜 하는 거야?'라는 불만이 덜 나오도록 '사실은 그게 말입니다'라며 가랑비에 옷 젖듯 TMI를 퍼뜨리는 것이 내 일이기 때문이다.

마지막으로, 그럼에도 '재활용 기술이 발달하면 해결될 것이다', '요즘 플라스틱을 열 분해해 석유를 만든다니까 괜찮다'라고 말하는 분들에게 한 가지 질문을 드리고 싶다.

"그 재활용 공장, 선생님 댁 앞에 세운다 해도 그리 쉽게 말씀
하실 건가요? 테헤란대로나 국회대로에 짓는 건 어떨까요?"

현장에서 만난 재활용 업체 대표님들의 하소연에는 몇 가지의 공통점이 있었다. 시설 허가를 받기가 얼마나 어려웠는지, 물과 공기를 더럽힌다며 주민들의 민원이 얼마나 심한지 털어놓는 것을 보며 '재활용'을 대하는 우리의 이중적인 태도를 돌아보게 되었다. 재활용은 공짜가 아니다. 많은 돈과 에너지를 소비하고 옆 사람의 말도 들리지 않을 만큼의 기계 소음과 장마철 젖은 비닐 냄새를 참아줄 '공간'을 필요로 한다. 이리저리 따져보다 머리가 아파온 나는 플라스틱 사용을 완전히 줄이는 것에 마침내 온 마음으로 동의하게 되었다.

엉겁결에 환경 다큐멘터리에 발을 들여놓은 지 4년째. 사람들은 묻는다. 환경에 관심을 갖고 살면 피곤하지 않냐고. 삶 자체가 탄소 배출일 수밖에 없는데 이것도 저것도 하지 말라고 하니 얼마

나 피곤할까? 하지만 내 삶은 오히려 가뿐해졌다. 물건을 들이는데 신중해진 만큼 더 큰 자유를 얻었다. 잠들기 전 쇼핑 앱을 켜 신상품 확인하는 걸 그만뒀고 인플루언서들의 '이건 꼭 있어야 된다'는 조언과 광고에서 해방됐다. 휴가를 갈 때마다 새로운 원피스를 응당 사야 한다는, 진짜 내 마음인지 아닌지 모르는 욕망도 사라졌다. 약속 시간을 기다리며 습관처럼 화장품 가게를 둘러보던 걸 그만두자 몇 년 만에 가방에 책을 넣어 다니게 되었다. 엽서, 머리끈이라도 사야 그날의 외출이 성공한 것만 같은 강박에서 벗어나니 집도 훨씬 깨끗해졌다. 집 평수를 넓히기는 힘들지만 물건 줄이기는 이렇게 쉬운 것이었다!

편안함과 지속가능한 실천, 그 사이 어딘가에서

모두에게 "그만 좀 사세요"라고 말하지 않을 거다. 조금이라도 더 나은 방향으로 물건을 만들고, 조금이라도 더 재활용하기 위해 현장에서 애쓰는 모든 분들의 삶이 나에게는 빙하가 녹는 속도만큼이나 중요하기 때문이다. "탄소 중립을 이루려면 사람이 다 죽는게 낫다"는 냉소적인 댓글을 쓰는 마음도 이해한다. 결국 다 사람이 살자고 하는 짓이다. 조금 더 편안하게, 조금 더 길게, 지구에서 같이 아웅다웅 살아보자고 하는 짓이다.

좋은 날 입을 옷 한 벌 고르는 즐거움, 오랜만에 자식들 내려온다고 끓이는 엄마의 고깃국 같은 따뜻함마저 없다면 탄소 중립을 이룬들 우리의 삶에 무엇이 남을까? 그래서, 나라도 덜 쓰기로 했다. 재해 현장, 병원 수술실의 일회용 플라스틱은 수많은 사람들의 생명을 살린다. 키가 쑥쑥 커 새 옷을 사 입는 것이 즐거운 나이가 있다. 이도 저도 아닌 나 같은 사람이야말로 덜 사고 덜 쓰기 가장 쉬운 사람이다.

그러니 우리의 삶을 간결한 방향으로 즐기면서 키보드 워리어가 되는 편이 낫다. 내가 옷 하나 덜 사는 것은 지구에 아무런 영향을 주지 못하지만, 의류 재고 폐기 금지법을 만들기 위해 애쓰는 단체의 서명에 이름을 보태고, 그 이름이 만 개가 모이면 사회를 바꿀 수 있다. 텀블러도 혼자 쓰면 '역시 환경 피디'라며 친구에게 놀림을 받겠지만, 일회용품 사용 관련 규제를 촉구하는 청원에 힘을 보태면 많은 사람의 행동을 바꿀 수 있다.

1년에 한 번 이코노미석을 타고 가는 휴가에 비행기 탄소 배출이 어쩌고저쩌고 하는 기사가 거슬린다면 전세기와 요트로 수천 배의 탄소를 내뿜는 분들부터 모범을 보이라고 떠들어보자. 한가한 주말이면 환경 단체의 행사를 찾아가 머릿수를 더해주는 것도 좋다. 10명이 모이던 행사에 백 명, 천 명, 만 명이 모이면 높은 분들은 알 것이다. '이거 표 되는 일이구나!'

글을 맺기 전, 이 책을 빌려 존경의 마음을 전하고 싶은 분들이 있다. 그들 어깨너머 현장을 기웃대기만 한 나도 안다. 자본주의 사회에서 '덜 만들고 덜 사자'는 이야기를 하는 것이 얼마나 많은 적을 만드는 일인지. 개발도상국에서는 지금도 많은 환경운동가들이 살해 위협 속에서 활동을 이어나가고 있다. 다들 경제 발전을 외치는 가운데 '나무를 베지 말자', '플라스틱을 쓰지 말자'는 터무니없는 소리를 해온 별난 그들 덕분에 기후 위기 속에서도 조금의 시간을 벌 수 있었다. 앞으로도 나는 서툰 통역가로서 그들의 이야기를 시민들에게 전하는 숙제를 해나가고자 한다.

결국 다 사람이 살자고 하는 짓이다.
조금 더 편안하게, 조금 더 길게,
지구에서 같이 아웅다웅 살아보자고 하는 짓이다.

지역 피디,
지구를 구하는
가게　열었습니다

ubc 조민조 피디

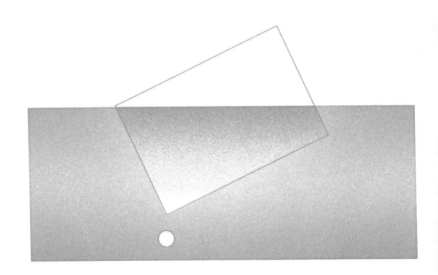

"어떤 사람들은 플라스틱 아웃 운동을
크게 하고 있어요. 그런 사람들도 필요하지만
자기가 사는 지역에서, 자기 삶을 통해서
주변 사람들을 바꿔나가는 풀뿌리 운동도
정말 중요해요. 생활하고 연결되어 있으니까
조금씩이라도 금방 바꿔볼 수가 있잖아요."

눈치 게임과 방송 제작의 상관관계

"여기 사람 있어요…!" 사무실 저 끝에서 누군가 신경질적으로 소리친다. 아뿔싸, 누군가 남아 있었구나. 내가 마지막으로 퇴근하는 줄 알았더니. 늘 그러듯 습관적으로 사무실 전등을 다 꺼버렸다. 어느 부서에 사람이 남아 있는지 확인한 뒤 딱 그 부서에만 전등을 다시 켠다. 총총 퇴근하는 나의 등 뒤로 동료의 따가운 눈빛이 쏟아지는 것 같지만… 애써 무시한다.

무언가를 아낀다는 것은 이렇게 눈치를 봐야 하는 일이다. 동시에 어느 정도의 뻔뻔함도 필요하다. 공중목욕탕에서 누군가 물을 콸콸 틀어놓은 채 자리를 비운다 싶으면 잽싸게 수도꼭지를 잠근다. 자리의 주인이 눈치 채지 못할 타이밍과 스피드는 필수! 여름철 에어컨 설정 온도가 필요 이상으로 낮다 싶으면 굳이 제어판 앞으로 다가가 실내 온도 올림 버튼을 누른다. 사무실에서 새 종이 대신 이면지 쓰는 것을 디폴트 값으로 만드는 데 들어간 시간과 그동안 내가 먹은 눈칫밥은 대체 몇 공기였던가.

'얼마나 아낀다고.' '구질구질하게 왜 이래?' '그런다고 세상이 달라지는 줄 알아?' '과거로 돌아가자는 거냐?' '아무리 너가 그래봤자 다른 나라가 펑펑 써대는데.' '언젠가 기술이 해결하겠지.' '지지리 궁상이다….'

지난 수십 년간 들었던 이야기가 귓등을 스친다. 한 사람에게는 여러 가지 측면이 있을 텐데, 나는 '피디'라는 정체성 이전에 이미 '유난을 떨며 쓸데없이 아끼는 사람'이라는 정체성을 공고히 다지며 살아왔다. 몇몇은 대놓고 핀잔을 주었고, 대부분은 무관심했다. 이건 꽤나 외로운 일이다.

환경 프로그램을 제작하게 된 것은 이 외로움이 8할이었다. '환경 관련한 기획을 할 피디가 필요하다?!' 2020년, ubc 울산방송 편성제작국은 전략적으로 환경 정규 프로그램을 신설해야겠다고 판단했다. 지역방송 제작팀의 피디는 고작 10여 명 남짓. 제작 회의에서 모두가 나를 쳐다보았다. 마치 이렇게 말하는 듯했다. '그동안 말과 행동으로 유난 떨었던 만큼 이제 프로그램으로 만들어보는 게 어때?' 그러니 〈필환경시대의 지구수다〉는 대단한 포부를 가지고 시작한 프로그램은 아니었던 셈이다. 그저 줄기차게 아끼자고 잔소리를 해대는 피디가 나 혼자였을 뿐.

지역방송에서 환경 프로그램이라니, 그것도 정규 프로그램이라니…! 제작 일선에 있는 이들은 익히 알 것이다. 매주 방송을 내보내야 하는 정규 프로그램은 한 편 또는 길면 몇 부작으로 끝나는 특집 프로그램과 그 결이 완전히 다르다. 특집 프로그램이 한 주제를 가지고 진득하게 파고 들어가는 작업이라면, 정규 프로그램은 기획의도에 따라 그야말로 종횡무진 해야 하는 작업이다. 매주 알맞은 아이템을 발굴해야 할 뿐만 아니라 촬영과 편집, 후반작업과 자료조사, 현장 세팅, 소품 제작, 섭외, 구성작업이 동시에 맞물려 가야 한다. 피디들은 이런 톱니바퀴 같은 과정을 두고 '공장 돌린다'라고 쉽게 말하지만 우리 모두는 알고 있다. 여기서 하나라도 어긋나면 소위 펑크(?)가 난다는 것을…!

제작진은 고작 피디 2명과 작가 2명. 우리는 길고도 험난한, 열악한 쳇바퀴 속으로 들어가게 되었다.

답은 여기! Think Globally, Act locally

문제는 '무엇을 이야기할 것인가'이다. 지역방송 피디가 담아내기에 환경 이야기는 너무도 거대했다. 프로그램 콘셉트를 잡기 위해 환경 관련 자료를 수집했는데, 내용을 파면 팔수록 많은 것들이 얽혀 있음을 절감했다. 이를테면 '2018년 쓰레기 대란' 같은 경우다. 2018년 초봄 즈음, 아파트 분리 배출장에 느닷없는 공고가 붙었다. 비닐과 스티로폼을 더 이상 수거하지 않겠다는 것. 무슨 일인지 감을 잡기도 전에 수거업체는 곧 페트병마저 수거하지 않는다고 했다. 내놓기만 하면 다음 날 마법처럼 사라지던 재활용품들이 아파트 단지에 눈덩이처럼 불어났다. 도대체 왜? 쉽게 해결될 기미가 보이지 않자 사람들은 그제야 이 사태의 원인에 시선을 돌렸다.

표면적 이유는 간단하다. 지난 30년간 전 세계 약 1억 6,800만 톤에 달하는 폐플라스틱을 처리하던 중국이 2018년부터 더 이상 폐플라스틱을 수입하지 않기로 결정했기 때문이다. 우리나라 역시 중국으로 폐플라스틱을 보내는 국가 중 하나였다. 중국의 폐플라스틱 수입 금지 조치 이후, 2017년 11만 9,575톤에 달하던 우리나라의 대對중국 폐플라스틱 수출량은 2018년 1만 617톤으로 급감했다.* 국내 폐플라스틱은 갈 곳이 없어진 상황. 그런데 그게 끝이 아니었다. 중국으로 가지 못한 일본, 유럽 등의 폐플라스틱이 국내로 들어왔다. 상대적으로 상태가 좋은 폐플라스틱이 수입되자 국내 폐플라스틱의 가치는 더 하락하고 만다.

* 자료: 관세청.

조금 더 들여다보면 또 다른 이유도 있다. 플라스틱이 석유에서 나온다는 사실은 많은 이들이 안다. 당시 국제 유가가 하락하면서 플라스틱을 만드는 원료 가격 또한 하락했다. 이 말은 즉, 굳이 폐플라스틱을 수거해 세척하고 그것을 재활용하는 번거로운 작업을 거치는 것보다 새로 만드는 게 더 싸다는 의미다. 그러면 어떻게 될까? 폐비닐과 스티로폼, 폐플라스틱을 구할 자, 누가 있겠는가.

내가 배출한 플라스틱이 처리되지 않는다는 단순한 사실 하나에도 국제관계, 경제, 경영, 재활용 시장의 복잡한 구조, 국내 재활용 업체의 영세성 문제 같은 것들이 거미줄처럼 촘촘히 연결되어 있었다. 고백하건데, 방송 기획 단계에서 여러 번 길을 잃었다. 좀 더 솔직히 말하자면 길을 걷다가 막다른 골목에 다다르는 식이 아니라 사방이 완전히 뚫려 있어서 어디로 발걸음을 내딛어야 할지 몰랐다는 표현이 더 맞을 것이다. 그에 더해 나는 지역 방송사 피디가 아니었던가. 지역 방송이라고 해서 딱히 한계를 가지는 건 아니지만 '서울에서도 할 수 있는 이야기'를 굳이 하고 싶지 않았다. 무한 루프에 갇힌 채 허우적대던 즈음, 한 출연자를 만났다. 자신을 '쓰레기 덕후'라고 칭하는 고금숙 활동가다.

그녀는 서울 마포구 자신의 집 근처 망원시장에서 '알짜'라는 모임을 만들어 '알맹 캠페인'을 벌이고 있었다. '알짜'는 '알맹이만 원하는 자'의 줄임말이라 한다. '알맹 캠페인'은 전통시장에서 비닐

없이 장을 본 사람에게 감자, 브로콜리, 사과 같은 알맹이들을 하나씩 나눠주는 캠페인이다. 요즘은 장을 볼 때 다들 에코백 한두 개는 지참한다. 그러면 에코백을 든 모두가 알맹이를 받을 수 있는 것 아니냐고? 하지만 가만히 떠올려보자. 뭔가를 하나 살 때마다 검은색 비닐봉지에 넣고 그 봉투를 에코백에 넣지 않았는지. 장 한 번 보고 나면 무심코 받아 든 비닐봉지가 몇 개씩 쌓인 경험, 한 번쯤 있을 것이다. 고금숙 활동가가 없애고자 했던 건 바로 이 '속비닐'이다.

망원시장에서는 채소나 과일뿐만 아니라 떡볶이, 파전, 옛날 과자, 반찬 등도 일회용 없이 살 수 있다. 용기를 챙겨가 "여기에 담아주세요" 이 한마디면 충분하다. 소비자는 집에 있는 용기를 챙겨야 하고, 상인은 규격에 맞지 않는 용기에 요령을 발휘하여 담아내야 하지만 큰 혼란은 없었다. '알짜'들의 끈질긴 설득, 오랜 시간을 나눈 친밀도가 더해져 상인들도 생각을 바꿨다. 그러자 소비자들은 기꺼이 용기를 들고 오기 시작했다. 이 유쾌한 불편함은 꽤 신선한 반향을 일으켜서 다른 동네에서 일부러 망원시장을 찾기도 했고, 타 지역에서는 이 사례를 배우기 위해 멀리서 일부러 방문하기도 했다.

이런 소소하면서도 재미있는 바람을 일으키던 그녀는 한 시간 정도의 인터뷰에서 자신의 가치관, 생각, 그동안 벌여왔던 이야기들을 쭉 풀어놓았다. 좀 더 많은 아이디어를 가지고 사람과 함께 실천할 수 있는 활동을 해보고 싶다는 바람까지 들려주었다. 흥미 진진하게 듣고 있다가 문득 그녀의 이야기가 지역방송에만 나간다는 게 아깝게 느껴졌다. 이런 재미있는 이야기는 전국 방송을 타서 더 많은 사람들이 들으면 좋지 않겠냐는 게 솔직한 심정이었다고나 할까. 그래서 무심코 이런 말을 건넸다.

"이 프로그램이 지역방송이라서 아쉬운 점도 있을 것 같아요."

그녀는 고개를 갸웃거리며 답했다.

"아니에요. 어떤 사람들은 플라스틱 아웃 운동을 크게 하잖아 요. 그런 사람들도 필요하지만 자기가 사는 지역에서, 자기 삶을 통해서 주변 사람들을 바꿔나가는 풀뿌리 운동도 정말 중요해요. 생활하고 연결되어 있으니까 조금이라도 금방 바꿔볼 수 있잖아요. 태평양의 쓰레기섬 같이 큰 이야기를 하는 것도 좋지만, 지역방송을 보고 관심 있는 사람들이 '나도 해봐야겠다'는 마음을 가질 수 있으면 좋은 거 아니에요? 저도 제가 사는 망원동의 망원시장에서 속비닐 안 쓰기, 장바구니 대여 캠페인을 하고 있잖아요. 만약 전국 전통시장에서 이걸 하라고 했으면 제가 할 수 있었을까요? 할 수 없었겠죠. 그렇

게 자기 동네에서 작은 실천을 함께 도모하는 모임들이 생겨
나길 원해요. 저는 지역방송이라서 오히려 좋은데요?"

'지금 내가 있는 곳에서, 함께 참여하고 만들어나가는 변화.' 얼마나 단순하고도 명료한 말인지! 제작 현장에서 흔히 말하길, 프로그램의 기획의도는 한 문장으로 나타낼 수 있어야 한다. 그 한마디가 명확할수록 프로그램이 산으로 갈 가능성이 줄어든다고나 할까. 흔들릴 때마다 붙잡고 갈 한마디를 그 순간 찾았다. 지역방송의 정규 환경 프로그램, 절반은 성공한 셈이었다!

> 제로 웨이스트Zero Waste? 허리Waist를 줄인다고Zero?

"우리 말이야, 가게 망해서 첫 방송만 하고 끝나는 거 아닐까?"

핵심 출연자의 농담에 '하나도 재미있지 않다고요!'라고 소리치고 싶었다. 분명히 진담 한 스푼이 섞여 있음을 알기 때문이다. 아, 아니다. 농담이 한 스푼이고 나머지가 진담일지도….

지역민들과 함께 호흡하면서도 총 30회 가까운 회차를 방송하기 위해 제작진이 과감하게 시도한 것은 울산 최초의 '제로 웨이스트

상점(Zero Waste Shop, 포장재 없는 가게)'이다. 지금이야 '제로 웨이스트', 즉 쓰레기 없는 일상에 대한 담론이 많아졌지만 2020년 초반만 해도 제로 웨이스트 상점은 이름조차 생소했다. 메인 출연자마저 '제로 웨이스트Zero Waste'를 쓰레기가 없다는 의미가 아니라, '허리Waist를 줄인다'는 의미로 받아들였으니까. 그래서 처음에는 다이어트 프로그램인 줄 알았다나 뭐라나.

　제로 웨이스트 상점은 2014년경 독일에서 생겨난 개념으로, 이 가게의 핵심은 BYO, 'Bring Your Own(bottle)'에 있다. 우리나라 말로 하자면 '자신의 것을 가져오세요'이다. 가게에는 포장재에 싸여 있는 제품이 없고 새 포장재도 쓰지 않는다. 무언가를 구매할 때는 손님이 가져온 용기가 필요하다. 용기의 무게를 잰 뒤, 그 용기에 쌀이든 과자든 채소든 견과류든 필요한 만큼을 담는다. 계산할 때는 용기의 무게를 뺀 알맹이 무게만 계산하는 방식이다. 아니, 이토록 신박한 방법이라니! 누군가 혁신은 'delete(없애다, 삭제하다)'에서 나온다고 했는데, 이것이야말로 진정한 혁신이 아닐까?

　어느 한 편에선 고작 그 정도로 세상이 달라지겠냐고 반문할 수도 있겠다. 그럴 때면 늘 떠올리는 통계 하나가 있다. 플라스틱은 1950년대부터 우리 일상에 본격적으로 쓰이기 시작했는데, 1950년부터 2015년까지 생산된 플라스틱은 전 세계적으로 약 83억 톤에 달한다. 그렇다면 6개월도 채 쓰지 않고 버리는 포장용 플라스틱은 어느 정도를 차지할까? 놀라지 마시길. 무려 **36%**나 된다! 그러니 포장용 플라스틱, 일회용 플라스틱만 줄여도 전체 플라스틱의 3분의 1 이상을 줄일 수 있다.*

이런 통계를 이야기하기 전에 사람들이 진짜 세상을 마주하는 것이 우선일지도 모른다. 많은 이들이 말하는 '세상이 달라지겠어?'라는 말에는 '굳이 달라질 필요가 있을까?'라는 숨은 의미가 깔려 있다고 생각한다. 필요할 때마다 주변에 항상 플라스틱이 있는 풍요롭고 편리한 세상을 마다할 이유가 없다는 의미 아닐까. 그러나 그것은 착각과 환상에 불과하다. 마치 영화 〈아일랜드The Island, 마이클 베이 감독, 2005년〉에서처럼 갑자기 닥쳐올 죽음을 깨닫지 못한 채 부족함 없는 삶이 세상의 전부라고 믿는 것과 같다. 영화의 등장인물들은 잘 통제된 쾌적한 공간에서 일상을 보낸다. 이는 플라스틱이 기본 값처럼 세팅된 사회에 살고 있는 우리와 별반 다르지 않다. 우리의 일상은 플라스틱에 잠식되어 있다. 이 말이 과장처럼 느껴진다면 마트의 식료품 코너를 유심히 들여다보길 권한다. 플라스틱 박스에 담긴 버섯은 기본, 작은 브로콜리 하나도 비닐 포장이 되어 있다. 꼭 필요하지도 않은 플라스틱 포장재에 눈길을 주는 순간, 보이지 않던 현실이 새삼스럽게 다가올 것이다.

* 「Production, use, and fate of all plastics ever made」,『사이언스 어드밴스』, 2017.

그렇다면 이제 '플라스틱 프레임'에서 한 발 벗어나 볼까. 플라스틱을 소비하도록 길들여진 패턴에서 벗어나 '플라스틱으로 고통받는 진짜 세상'을 마주해 보자. 영화 속 주인공들처럼 탈출을 감행하지 않더라도, 일상에서 플라스틱을 덜 쓰기 위해 실천하는 모든 이들의 마음이 이와 비슷하리라고 생각한다. 내 삶을 지배하는 틀을, 고정관념을 아예 바꿔버리는 것이다. 그 후 찾아오는 모든 불편함을 마주하며 크게 외친다.

"플라스틱 프리 Plastic Free!"

방송사 피디냐, 제로 웨이스트 상점 사장님이냐

울산 최초의 제로 웨이스트 상점을 준비하는 과정은 예상했던 것보다 더 만만치 않았다. 우여곡절 끝에 작은 가게를 차릴 공간을 찾은 것이라든지, 우리의 무모하고도 야심찬 기획에 공감한 지역의 협동조합을 만난 과정 같은 것은 생략하자. 대나무 칫솔, 천연 통수세미, 샴푸바, 고체치약 같은 플라스틱 대체 물품 목록을 정리하고, 업체와 일일이 연락하며 필요한 수량을 계산해서 주문하고, 물품을 받아 검수하고, 가게에 그럴싸하게 진열한 이야기도 구구절절 말할 필요는 없을 것 같다. 그저 당시에는 내가 방송사 피디인지 가게를 개업하는 사장인지 정체성의 혼란을 심하게 겪었다.

그중에서도 나를 가장 혼란스럽게 만든 것은 아직 기준이 명확하지 않았던 제로 웨이스트 상점 열기 매뉴얼이었다. 식료품부터 공산품까지 다양한 물건을 포장재 없이, 또는 벌크(bulk: 개별 포장 없는 대용량)를 소분하여 판매하려고 찾아봤더니 그 기준이 그야말로 제각각이었다. 지자체 위생과에도 문의하고, 관련 법률도 들여다보고, 일회성 팝업 형태로 운영한 모임에 무작정 전화도 돌리기를 여러 번···. 그중에서 제일 큰 도움을 받은 곳은 소규모로 운영 중이던 다른 지역의 제로 웨이스트 상점이었다. 같은 시행착오를 겪지 않았으면 하는 마음을 담아 관련 내용을 정리해 둔 따뜻한 마음이 우리 제작진을 살려주었다. 혹시라도 이와 관련한 내용이 궁금하신 분이 있다면 전자책 『우리동네 세제 소분샵 '알맹'을 꿈꾸는 분들께 건네는 안내서』를 찾아보면 된다. 물론 지금은 전국에 제로 웨이스트 상점이 늘어나면서 과거보다 기준이 더 명확해졌고, 소분에 대한 기준도 확대되었다.

2020년 봄, 울산에서 처음으로 제로 웨이스트 상점을 열었던 날을 잊지 못한다. SNS 홍보, 지역 환경 단체에 연락 돌리기, 방송 스팟(spot: 특정 시간대에 반복적으로 노출되는 영상) 송출로 가게를 오픈한다고 홍보했지만 솔직히 의심스러웠다. 과연 사람들이 우리 가게에 찾아올까? 아니, 제로 웨이스트에 관심 있을까? 방송으로도 만들어야 하는데 현장이 휑하면 어쩌지? 누군가는 그 정도 배짱

이나 믿음도 없이 무슨 가게를 열었냐고 말할지도 모르지만, 제작진은 가게를 준비하는 것만으로도 벅찼기에 그 이후의 일은 떠올릴 겨를이 없었다. 피디인지 상점 주인인지, 정체성의 혼란이 계속되던 가운데 막상 날짜가 다가오니 초조함이 밀물처럼 밀려들었다. 게다가 코로나19가 점점 심각해지던 상황이었기에 더 걱정스러울 수밖에.

그런데, 맙소사. 가게 문을 열기 전부터 사람들이 줄 지어 기다리기 시작했다…! 장바구니와 각자의 용기를 지참한 모습은 그 자체로 훌륭한 그림이었다. 지역에서 생산한 농산물을 기꺼이 신문지에 싸고, 준비해 온 용기에 도시 양봉으로 채취한 꿀을 담아가는 풍경이라니. 방문한 시민들의 표정에는 플라스틱 대체 물품에 대한 호기심이 가득했다. 견과류를 저울에 달아 무게만큼 계산하는 것은 판매자와 구매자 모두에게 신선한 방식이었다. 낯선 즐거움이 현장을 가득 메웠다. 물론 이 장면은 모두 카메라에 담겨 지역 시청자들을 찾아갔다. 조금은 어색하지만 그만큼의 가능성을 발견한 날이었다. 동시에 우리 제작진은 안도했다. 아, 망하지는 않겠구나…! (가게도, 프로그램도…!)

5월부터 10월까지 6개월간 지역 방송으로서는 이례적으로 방송을 빙자(?)해 가게를 운영했다. 그 사이 제작진 추산 약 1만여 명의 울산 시민이 가게를 방문했다. 제작진이 선발한 시민 운영진들은 매주 월요일부터 목요일까지 가게를 운영했고, '지구를 살리는 착한 습관'을 모토로 한 〈필환경시대의 지구수다〉는 매주 전파를 탔다. 덕분에 시청자들에게 '제로 웨이스트'라는 단어가 조금은 친숙해졌으리라 자평한다. 물품은 소매가로 사서 그대로 소매가로 팔았기 때문에 당연히 이윤은 남지 않았다. 대신 이 가게를 통해 지역사회에 다른 무언가를 남길 수 있었다. 바로 '이어짐'과 '연대'다.

환경을 이야기할 때면 늘 낯선 이방인이 되는 사람들이 있다. 환경 이슈는 나와는 거리가 먼, 커다란 문제인 것만 같다. 길이 쉬이 보이지도 않고 바뀌는 것은 더디고 험난하다. '나 혼자 한다고 될까'라는 무기력감을 느끼기도 한다. 그럼에도 불구하고 지구에, 미래 세대에 부채감을 갖고 실천을 이어나가는 사람들이 있다. 이들은 서로를 발견할 수 있어야 한다. 마치 점처럼 외롭게 존재했던 사람들이 서로를 만나고, 이야기를 나누고 응원하며, 더 나아가 함께 또 다른 활동을 펼쳐나가게 만드는 소중한 공간이 필요하다. 그렇게 생각해 보면 울산 최초의 제로 웨이스트 상점 '착해家지구'는 단순히 플라스틱 대체 물품을 파는 가게가 아니었던 셈이다. 이곳을 통해 점은 선이 되고, 선은 면으로 확장한다. 이런 이어짐은 처음 가게를 기획했을 때는 상상하지 못했던 값진 선물이었다.

점들이 만나서 가는 선을 만든다.
그 선들이 모여서 둥근 원을 그린다.
그렇게 나는 너를 만나고 그렇게 우린 함께 가네.
이 넓은 대지 위에 점 하나, 이 넓은 하늘 위에 별 하나.
이 넓은 지구 위에 너와 내가 만나서 강물이 되고,
바다로 흐른다.

— 〈점 선 원〉, 뮤지션 이한철

다시 사장을 하라고요?

방송 프로그램도 이름을 따라가는 걸까? '지속가능한 삶을 위한 구체적인 수많은多이야기'를 줄여 만든 이름인 〈필환경시대의 지구수다〉가 말 그대로 지속가능하게 되었다. 시즌2를 기획하게 된 것이다. 이 기획 뒤에는 지역사회와 시청자들의 뜨거운 응원과 호응, 당시 L 편성제작 국장님의 전폭적인 지지가 있었다. 실제로 〈시즌1 - 제로 웨이스트〉 방송 이후 울산에는 두어 곳의 제로 웨이스트 상점이 생겼다. 그중 한 사장님은 제작진에게 〈필환경시대의 지구수다〉 방송을 보고 용기를 얻었다고 살짝 귀띔해 주기도 했다. 지역에는 '지구수다' 이름을 딴 자발적인 환경 모임이 생겨나서 동네 플로깅, 나눔 장터 등 다양한 활동이 활발하게 전개되고 있다. 가게를 운영했던 시민 운영진들은 삼삼오오 또 다른 환경 기획을 펼쳐나갔다. 지역민들과 함께하는 방송이라니, 연출자로서 이보다 더 행복한 일은 없을 것이다.

그러나 시즌2 론칭을 앞두고 제작진은 마냥… 웃을 수만 없었다. 앞서 말했듯, 정규 방송을 만든다는 것은 매주 긴장을 놓치지 않고 촘촘한 쳇바퀴를 쉬지 않고 돌려야 하는 일. 2021년 봄, 1년 전과 똑같은 고민 앞에 섰다. 20회가 넘는 아이템으로 매주 시청자를 찾아갈 수 있는 기획을 선보여야만 했다. 거기에다 회사는 제작진에게 또 다시 피디와 가게 사장이라는 1인 2역을 바라고 있었다. 새로운 가게를 만들면 좋겠다는 것이었다. 하긴 '공간'이 주는 힘을 눈앞에서 보았으니 그럴 수밖에 없었다. 제로 웨이스트 상점을 찾았던 수많은 지역 시민들도 마찬가지였다. 자, 그렇다면 어떤 이야기를 담아야 할까? 그리고 어떤 공간을 어떻게 꾸려야 할까? 막막하기는 했지만 그다지 걱정되지 않았던 이유는 단 하나다. 지난 1년을 돌아봤을 때, '이제 망할 일은 없다.'

쓰레기산은 누가 만들었을까

시즌2는 제로 웨이스트 상점을 차리기 한참 전 취재했던 의성 쓰레기산에 대한 기억에서 출발했다. 태평양의 쓰레기섬은 들어봤지만 경북 의성의 쓰레기산이라니? 무작정 길을 나섰다. 차를 타고 좁은 길을 굽이굽이 들어가서 마주한 모습은 그야말로 절망스러웠다. 거대한 쓰레기가 끝도 없이 쌓여 있었다. '산'이라는 표현은 과장이 아니었다. 미생물의 혐기성 분해(산소가 없는 상태에서 미생물이 유기물을 분해하는 것)로 인한 메탄가스 때문에 우리가 딛고 선 쓰레기 아래에서는 연신 연기가 뿜어져 나왔다. 불쾌하게 온몸을 감싸는 냄새는 말해 무엇 하랴. 그 거대한 규모 앞에 할 말을 잃은 우리는 천천히 '산'을 오르기 시작했다. 각종 공사 폐기물부터 와인 병, 음료 캔, 그물, 비닐…. 우리가 상상할 수 있는 모든 쓰레기가 쌓여 있었다. 폐기물은 색이 바랬고 고철은 건드리기만 해도 부서질 정도로 부식되어 있었다. 비닐도 풍화작용으로 조각조각 흩어졌다. 바닥 한편에는 쓰레기 더미에서 나온 침출수가 부옇게 고여 어딘가로 흘러가고 있었다. 드론을 띄워 주변을 살펴보니 영남권 1,500만 명의 식수원인 낙동강이 지척에 있었다.

의성 쓰레기산에 방치된 폐기물은 <u>17만 3천여 톤</u>. 프랑스 에펠 탑의 17배에 달하는 무게다. 원래 폐기물 재활용 업장이었던 이곳에는 애초에 허가받은 폐기물의 80배가 무단 방치되어 있었다. 의성군은 2014년부터 2019년 사이 약 20여 차례에 걸쳐 해당 사업장에 행정조치와 고발, 영업정지, 허가 취소 등의 조치를 취했다. 그러나 소송, 항소가 이어지며 긴 시간이 지나는 동안 바꿀 수 있는 것은 없었다. 그 사이 업체는 지속적으로 폐기물을 쌓았다. CNN 등 해외 언론사의 보도 이후 국내에서는 뒤늦게 이 문제를 집중 취재했다. 이어 수많은 보도가 쏟아졌다. 환경부는 그제야 전국의 쓰레기산 현황을 전수조사 했는데, 대략 360여 개의 쓰레기산이 전국에 흩어져 있을 거라는 추정치를 내놓았다. 의성처럼 도시에서 멀리 떨어진 곳, 사람들의 눈에 띄지 않는 곳, 좁은 길을 한참 가야 닿을 수 있는 곳…. 주로 그런 곳에 쓰레기산이 있었다.

지금도 가끔 그곳에서 커피 캔 하나를 손에 들었던 순간을 떠올린다. 이 캔을 버린 사람은 자신이 버린 캔이 이 쓰레기산에 있으리라 상상했을까? 그 누구도 그런 생각을 하며 무언가를 버리지 않는다. 심지어 나조차도 쓰레기통에 넣은 이후의 과정은 생각해 본 적이 없었다. 분리배출을 하면서도 그 이후에는 어떻게 재활용되는지 고민해 본 적 또한 없었다. 쓰레기산에 동행한 부산 자원순환시민센터 김추종 대표의 말이 그래서 더 의미심장하게 다가왔다.

"쓰레기와 관련해서 가장 속상한 현실이 뭔지 아세요? 쓰레기는 밖에 내어놓으면 다음 날 눈앞에서 사라지기 때문에 아무 문제가 없다고 생각하는 거예요. '어딘가에서 잘 처리되고 있겠지' 하고 관심 밖의 일이 되어버리는 거죠."

제대로 분리배출하고 현금으로 돌려받으세요

의성 쓰레기산에는 진짜 쓰레기만 있는 게 아니었다. 조금만 신경 써서 배출하면 다시 자원으로 재활용될 수 있는 것들이 눈에 들어왔다. 그것들을 구하자…! 어딘가에 방치해 썩히지 말고 잘 모아 다시 자원이 될 수 있도록 만들자! 제로 웨이스트가 애초에 쓰레기를 만들지 않는 것이라면, 자원순환은 이미 만들어진 것이 쓰레기가 되지 않도록 애쓰는 활동이다. 자연스레 시즌2의 메인 테마는 '자원순환'이 되었다.

때마침 경기도 성남시에서 성남환경운동연합과 함께 흥미로운 사업을 진행하고 있었다. 이른바 '자원순환가게 re100', 쉽게 풀어보면 '재활용품을 제대로 분리배출하는 곳'이라 할 수 있다. '자원순환가게'에선 분리배출표시가 있는 깨끗한 상태의 재활용품을 받는다. 플라스틱, 유리, 종이, 캔 등 종류도 다양하다. 그리고 종류별로 무게를 달아 한 달에 한 번 현금으로 돌려준다. 이름은 '가게'지만 돈을 받는 곳이 아닌, 돈을 주는 곳인 셈이다. "아니, 돈을 주면 손해 보는 장사 아니야?!" 이렇게 생각할 수도 있다. 결론부터 말하자면 손해는 아니다. 가게를 방문하는 시민들이 갖고 오는 건 쓰레기가 아닌 '자원'이므로, 그에 대한 정당한 대가를 지불하는 것이다. 이렇게 종류별로 깨끗하게 모은 재활용품은 지역의 재활용 업체로 직행한다. 그다음 별도의 선별이 필요 없으므로 100% 재활용된다.

몇 달 동안 이 가게를 꾸리기 위해 많은 관계자들과 시민단체, 재활용 관련 업체를 만났다. 당시 성남환경운동연합 김현정 사무국장님은 우리 프로그램의 취지를 무척이나 반기며 자원순환가게 운영 노하우를 아낌없이 알려주셨다. 다음으로 접촉한 곳은 울산지역의 재활용 선별업체. 깨끗한 재활용품을 가져다드릴 테니 그걸 좋은 값에 쳐줄 수 있겠냐고 제안했다. 솔직히 받아주기만이라도 하면 고맙겠다는 마음이 컸다. 하루에만 400톤 이상을 처리하는 업체에서 일주일에 고작 몇십 kg, 몇백 kg을 가지고 올 사람들을 반길 이유가 있을까. 그럼에도 불구하고 'ㄷ' 기업의 김영효 대표님은 다른 지역의 자원순환가게보다 좀 더 나은 환급액을 우리에게 제시해 주셨다. 선별업체를 운영하며 깨끗하게 잘 배출하는 것을 늘 강조해 온 대표님의 생각이 반영된 결과였다.

　가게를 운영할 시민운영진 또한 필수적이었다. 매주 화, 목, 토 11시부터 3시까지 가게를 책임질 분들이 필요했다. 시즌1의 인기 덕분일까. 시즌2는 거의 80여 명의 시민들이 운영진으로 신청해 주셨다. 최종 선발된 분은 모두 14명. 이들의 역할은 막중했다. 가게는 4개의 존zone으로 구성했는데, ① 우선 찾아오는 시민들의 회원가입이 필요하다. ② 섞어서 가져온 재활용품을 체크하고, 비헹분섞(비우고, 헹구고, 분리하고, 섞지 않는다는 분리배출 기본원칙의 줄임말)이 되지 않은 재활용품은 거절한다. 이후 ③ 재활용품의 무게를 재고 분리배출함에 직접 배출할 수 있도록 올바른 분리배출법을 알려주는 역할이다. 마지막으로 ④ 각 품목별로 얼마의 환급금을 받을 수 있는지 알려주는 것까지가 시민 운영진의 역할이었다.

　시즌이 마무리되고서야 시민 운영진들에게 들은 이야기지만 처음에는 정말 쉽지 않았다고 한다. 헹구지 않은 음료 페트병, 기름기가 묻어 있는 조미김 트레이, 스티커가 제거되지 않은 유리병, 맥주 냄새가 풍겨나는 캔, 이물질이 묻어 있는 일회용 플라스틱 컵…. 평소 큰 고민 없이 분리배출하던 방식으로 가져온 많은 재활용품들을 죄다 돌려보냈다. 그런데 이런 과정이 순탄할 리가. 기껏 들고 왔는데 어떻게 다시 가지고 가냐며 화를 내는 분도 계셨고, 라벨과 스티커를 떼는 불편한 과정을 굳이 해야 하냐며 얼굴을 붉

히는 분도 계셨다.

　그러나 시민 운영진은 굴하지 않았다. 까다롭다는 이야기를 들으면서도 일관되게 안내를 계속했더랬다. 실랑이를 벌이면서도 계속 찾아오던 분들은 한두 달이 지나자 조금씩 바뀌기 시작했다…! 나중에는 입소문이 나서 별도로 안내를 하지 않아도 될 정도로 깨끗한 재활용품들이 모였다. 그렇게 6개월 정도 가게를 운영하며 모인 재활용품은 무려 6톤 이상! 자원순환가게는 시민운영진의 굳센 의지와 불타는 사명감 덕분에 끝까지 잘 운영될 수 있었다. 다시 생각해도 감사할 따름이다.

| 쓰레기가 자원이 되려면 |

자원이 되기 위해서는 제대로 된 분리배출이 필요하다는 게 자원순환가게 '착해家지구'의 모토다. 이곳에서 특히 중점을 둔 재활용품은 플라스틱이다. 우리는 한꺼번에 플라스틱으로 배출하지만 사실 플라스틱은 그 종류가 매우 다양하다. 용기에 적힌 분리배출 표시를 자세히 들여다보자. 화살표가 돌아가는 삼각형 모양 아래에 영어 알파벳이 보이는가? 우리가 일상에서 쓰는 플라스틱 용기에는 PP, PE, PS, OTHER와 같은 글자가 적혀 있다. 이들은 모두 다른 특징이 있기에 그 쓰임도 조금씩 다르다. 간단히 정리하면 다음과 같다.

PET (폴리에틸렌 테레프탈레이트 Polyethylene Terephthalate)

① 생수, 음료수 병 등에 사용 ② 박테리아에 취약, 재사용 불가
③ 고온에서 환경 호르몬 배출

HDPE (고밀도 폴리에틸렌 High-density Polyethylene)

① 나쁜 화학성분 배출 안 됨 ② 장난감 재료로 많이 사용
③ 뛰어난 내열성 ④ 전자레인지 사용 가능 ⑤ 재사용 가능

PVC (폴리비닐클로라이드 Polyvinyl chloride)

① 염화비닐을 주성분으로 하는 플라스틱, '폴리염화비닐',
'염화비닐수지'라고도 부름 ② 필름, 시트, 성형품, 캡으로 사용
③ 내분비계장애를 초래할 수 있음

LDPE (저밀도 폴리에틸렌 Low-density polyethylene)

① 신축성 좋음 ② 부드럽고 연한 재질 ③ 안전하지만 잘 썩지
않음 ④ 비닐장갑, 랩 등에 사용 ⑤ 재활용 어려움

PP (폴리프로필렌 Polypropylene)

① PE보다 물리적 강도 높음 ② 내열성 높음 ③ 고온 사용 가능
④ 환경호르몬 배출 거의 없음 ⑤ 비교적 안전한 플라스틱
⑥ 아기 젖병, 반찬통, 생활용품에 폭넓게 사용

PS (폴리스티렌 Polystyrene)

① 투명하고 단단하게 제작 가능 ② 발포해 스티로폼으로도 가능
③ 내열성 약함 ④ 고온에서 발암물질 배출 ⑤ 다른 소재보다
저렴하며 과자봉지, 플라스틱 식기류에 사용

OTHER (그 밖의 플라스틱 All Other Plastics)

① PC(폴리카보네이트), ABS, 아크릴, PPS(폴리페닐렌 설파이드)
② 나일론. 재활용 어려움.

문제는 이 플라스틱들이 섞여서 재활용되면 품질이 떨어진다는 데에 있다. 그래서 별도의 선별 과정이 필요한데, 우리나라의 선별 시스템은 한꺼번에 배출된 모든 플라스틱을 다 같이 수거해서 눈대중으로 골라내는 비효율적인 방식으로 진행된다. 그러다 보니 이물질이 묻은 것과 섞이고 플라스틱이 종류별로 정확하게 나뉘는지도 분명치가 않다.

그래서 자원순환가게 '착해家지구'에서는 처음부터 플라스틱 종류를 구분해서 배출하도록 했다. 많은 시민들이 이와 관련한 내용을 잘 몰랐기 때문에 제작진은 가게를 만들 때 플라스틱의 종류와 특징이 적힌 홍보물을 가게 내부에 크게 배치했다. 그 덕분일까. 여러 유치원, 학교, 시민단체가 환경 견학장소로 자원순환가게를 찾아주었다. 제대로 배출하면 자원이 된다는 단순한 사실을 실제로 체감할 수 있는 유일한 곳, 자원순환가게 '착해家지구'였다.

그렇게 자리 잡기 시작한 자원순환가게는 운영기간 6개월 동안 소위 환경 '핫플'이 되었다. 자원순환가게라는 공간을 만들고 보니 애써 찾지 않아도 우리 지역의 수많은 환경 실천가들을 만날 수 있었다. 14kg에 달하는 우유팩을 잘 씻어서 일일이 펼치고 말린 후 가게를 찾은 카페 사장님이 있는가 하면, 자발적으로 인근 유치원에 연락해 급식용 우유팩을 수거해 오는 동네 엄마들의 모임도 있었다. 산을 오르며 쓰레기를 함께 줍는 플로깅 모임 '초록별 지구

수비대'는 산에서 캔이며 페트병을 발견하면 집에서 깨끗하게 씻은 후 가게로 갖고 왔다. 매주 금요일 새벽마다 맨발로 바닷가를 걸으며 쓰레기를 줍는 '맨발 덕분에' 모임도 마찬가지다. 특히 여름에 이분들이 바닷가에서 갖고 온 일회용 컵과 캔의 무게는 어마어마했다. 버려지고 묻힐 뻔했던 자원의 재탄생이 이들 손에서 시작된 셈이다. 이렇듯 이야깃거리는 넘쳐났고, 그만큼 제작진은 힘이 났다. 물론 제작진을 더 춤추게 만들었던 건 역시나 시청자들의 칭찬과 격려였다. 특히 기억에 남는 소감을 여기에 남겨본다.

기후 위기를 더 피할 수 없는 지금 바로 우리의 실천을 요한다.

울산의 착한 방송 〈지구수다〉가 있어서 참 감사한 일이다.

이제는 안다. 세상은 어벤져스가 아니라 그저 평범한

시민 한 사람이 바꾼다는 걸. ubc 〈지구수다〉를 통해

세상을 바꾸는 영웅들이 많이 탄생했음을 직감한다.

불편함을 감수할 용기를 내려는 나를 응원한다.

#지구수다 #칭찬합니다 #박수백개 #나를바꾼방송
#제로웨이스트 #착해가지구 #선한영향력

▲ 〈시즌1 - 제로 웨이스트〉 마지막 방송을 마치고 올라온 시청자 후기

점심시간에 후다닥 들렀다 나왔을 뿐인데
정체 모를 뭉클함이 마음에 가득 찼다. 가치 있는 삶,
공중파 매체의 역할, 지역방송의 힘, 인류의 미래,
이것저것 가슴 뜨겁게 하는 개념들이 마구 다가와서
심장을 울리는 통에 오랜만에 살아 있는 기분이 든다.
발 디딘 그곳에서부터 뜻한 바를 향해 뚜벅뚜벅 걷는 사람들.
그 한 발 한 발이 길을 만들어 더 나은 세상으로
이끈다고 믿는다. 그런 도전을 존경하고 힘껏 응원한다.
울산에서 시작되는 기분 좋은 변화를 만날 수 있어 영광이다.

#자원순환가게 #제로웨이스트숍 #ubc울산방송
#지역민방_아자아자 #착한사람이만드는변화
#지구가고맙대요 #저도고맙습니다♥ #착해가지구

▲ 〈시즌2 - 자원순환〉 시작 후 자원순환가게에 들른 시민의 후기

유쾌한 작당을 서로 응원하며

〈필환경시대의 지구수다〉라는 이름으로 환경 프로그램만 제작한
지 어느덧 5년. 가게를 운영하고 그 모든 과정을 방송으로 담으며
'환경운동'에 대한 생각이 많이 바뀌었다. 아, 생각이라기보다는 고

정관념에 가까웠음을 고백할 필요가 있겠다. 그동안 '환경운동'이라고 하면 단체에 속해 있거나 특정 이슈가 있을 때 현장에 참여하거나, 정부의 정책 또는 기업의 움직임을 끊임없이 요구하는 등의 활동을 병행해야 한다고 생각했다. 그런데 플라스틱을 대체하는 물건을 사기 위해 제로 웨이스트 상점을 찾는 수많은 이웃들을 보면서 문득 이런 생각이 들었다. 번거로움을 감수하면서 자원순환 가게를 찾아와 스스로 분리배출을 하는 평범한 이들을 지켜보면서 이 사람들이야말로 일상의 환경운동가일 수 있겠다는 깨달음을 얻었다. 이런 소소한 마음이 모여 우리가 사는 세상을 조금씩 바꿀 수 있겠다는 생각!

실제로 함께하는 힘은 크다. 한 가지 예로 '화장품 용기 어택'을 들고 싶다. 평소 분리배출표시를 유심히 본 사람이라면 언젠가부터 용기에 '재활용 어려움' 또는 '재활용 우수'와 같은 표시가 함께 표기되었음을 눈치 챘을 것이다. 이 포장재 등급 표시제에 따라, 생산자는 재활용이 얼마나 잘 되게 생산했는지를 4가지 등급(최우수·우수·보통·어려움)으로 평가받아 포장재 겉면에 표시해야 한다. 이는 기업에 부담을 주어 재활용이 잘 되는 용기를 만들도록 유도하기 위함이다. 그런데 이게 웬일. 환경부가 갑자기 화장품 업계와 자율협약을 맺었다며, 화장품 용기만 등급 표시제에서 제외하겠다고 발표하는 게 아닌가. 화장품 용기는 플라스틱에 유리나 금속 등 다른 재질이 부착되거나 라벨이 용기에 새겨져 있는 등 복잡한 재질과 구조 탓에 재활용이 어려운 용기로 꼽힌다. 그렇기에 더더욱 이런 예외 결정은 이해할 수도, 용납할 수도 없었다.

그때 사람들은 분연히 떨치고 일어났다. 이들은 전국 제로 웨이스트 상점을 중심으로 각종 화장품 용기들을 수거하기 시작했다. 전국에서 8,000개 이상의 용기가 수거됐고, 시민 100여 명은 자발적인 모니터링단을 구성해 6,000개가 넘는 용기를 일일이 분석했다. 화장품 용기를 살펴보니 재활용 가능한 것은 고작 18.7%에 불과, 나머지 용기는 화장품을 다 쓰고 나면 '예쁜 쓰레기'가 될 뿐이었다.

이 과정에서 환경부는 화장품 용기에 적용했던 재활용 등급제 예외를 취소했다. 화장품 업계는 앞으로 재활용이 잘 되는 용기 생산을 늘리겠다고 약속했다. 화장품 용기를 수거하는 것부터 용기를 일일이 분석하고 대기업 본사 앞에서 기자회견을 진행하는 모든 일들은 어느 특정 단체의 활동이 아니었다. 그저 환경을 위해 조그만 것이라도 함께하고자 하는 사람들 한 명, 한 명이 모여 만들어낸 커다란 움직임이었다.

또 다른 흥미로운 사례도 있다. '유어보틀위크Your Bottle Week'라는 이 움직임은 처음엔 서울 연희동의 7개 동네 카페에서 시작됐다. 단 일주일, 이들 카페에서는 일회용 빨대와 일회용 컵을 제공하지 않기로 했다. 테이크아웃은 어떻게 하냐고? 전국 각지에서 모은 텀블러를 살균 소독하여 커피를 담아주고, 그것을 가지고 간 소비자는 가까운 참여 카페에 반납하는 형식이었다. 과연 얼마나 많은 사람들이 일회용품 없는 카페에 호응을 해줄지, 누구도 해보지 않았기에 우려는 있었다. 그 결과는? 5년째 이 움직임이 이어지고 있다는 사실이 모든 걸 말해준다. 그것도 훨씬 큰 규모로 말이다.

두 번째 해부터는 '우리 동네에서 시작되는 변화'라는 슬로건으로 카페에 더해 분식집이나 음식점, 참기름집들이 가세했다. 일주일이 짧다는 의견을 수렴해 기간은 2주로 늘어났다. 세 번째 해에는 3주로 늘어났고, 참여하는 가게만 해도 40여 곳에 이르렀다. 이 기간 동안 손님들은 자신의 용기를 가게로 가져가 알맹이만 구입함으로써 이 소소한 축제에 참여한다. 네 번째 해에는 연희동이라는 공간적 한계를 벗어나 서촌과 인천 배다리 일대에서도 진행됐다. 무려 80여 곳의 가게가 함께 했는데, 특히 이때는 무가지와 재사용 리본을 사용해 포장하는 꽃집과 비닐을 거절할 수 있는 세탁소가 동참했다. 불필요한 포장을 거절하는 선택지가 더 넓어진 것이다.

'유어보틀위크'를 진행해 온 정다운 대표는 '시작의 경험'을 중요시한다. 플라스틱을 줄이는 실천을 누가 시켜서 하는 것이 아니라, 일상에서 한 번쯤 겪어보는 일이 필요하다는 이야기다. 그녀는

'해보니 나쁘지 않네', '할 만하네' 이런 생각이 드는 경험이 있어야 지속가능한 변화가 가능하다고 믿는다. 몇 주 간의 '유어보틀위크'가 가지는 의미는 여기에 있다. 그렇기에 '화장품 어택'이나 '유어보틀위크'처럼 일상에서 함께 만들어나가는 변화를 응원하게 된다. 울산에서 방송의 일부로 운영했던 제로 웨이스트 상점과 자원순환가게 '착해家지구' 또한 많은 이들에게 커다란 응원을 받았다. 비록 멀리 떨어져 있을지언정 각자의 공간에서, 동네에서, 마을에서, 지역에서 일어나는 움직임을 서로 응원하는 것이다.

"나는 낙관주의자예요. 그게 다른 대안보다 나으니까요."
— 〈A Plastic Ocean〉, 크레이그 리슨 감독, 2016년

환경 다큐멘터리의 이 인터뷰처럼 막막한 현실에서도 유쾌한 작당을 벌이는 사람들이 있다. 나는 이들이 결국 세상을 바꾸는 동력임을 믿는다. 이들이야말로 환경문제의 심각성에 공감하는 새로운 사람들에게 손길을 내밀 수 있는 존재들이기 때문이다. 그래야만 문제에 새롭게 관심을 가진 사람들이 지구를 위한 행동을 훨씬 수월하게 시작할 수 있다. 우리 제작진 또한 제로 웨이스트 상점이나 자원순환가게를 열었을 때, 먼저 그 길을 걸어본 이들로부터 얼마나 많은 도움을 받았던가.

한편으로는 〈필환경시대의 지구수다〉를 통해 보여주었던 많은 가능성 또한 누군가에게는 작은 도움이 되었으리라 믿고 싶다. 그렇게 마음이 이어지고 확장되기를 바란다. 그러니 이제 다시 즐겁고 유쾌하게 새로운 작당을 해보자.

큰 변화는 작은 마음들이 모였을 때 비로소 시작된다.

♻

그저 환경을 위해
조그만 것이라도
함께하고자 하는 사람들
한 명, 한 명.

대체 그동안
무슨 짓을 한 걸까

SBS 김진호 피디

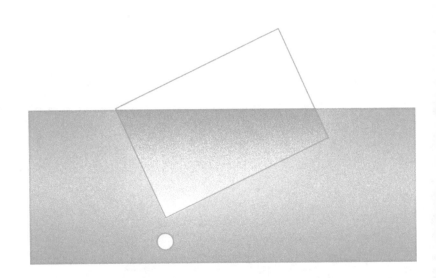

"서식지를 잃은 코끼리들은
인간이 버린 음식물 쓰레기를 먹으러
쓰레기차가 들어오는 시간에 맞춰
무리를 지어 나타났다.

먹이 경쟁으로 인해 음식 쓰레기뿐 아니라
그것이 담긴 비닐과 플라스틱까지
닥치는 대로 입에 넣기 시작했다."

"해외에 가는 프로그램인데 같이 하자."

선배의 전화를 받은 건 〈스타킹〉의 조연출로 일하고 있던 2011년 여름이었다. 자주 맛있는 저녁을 사주며 술자리에 불러주던 선배였다. 당시에는 어떤 프로그램인지도 모르고 '선배가 맛있는 걸 많이 사주겠구나. 처음으로 해외 촬영을 가보겠구나' 하는 마음에 흔쾌히 합류를 결정했다. 그 전화 한 통이 향후 10년의 운명을 결정할 줄이야. 나중에 아프리카에 간다는 얘기를 듣고 살짝 겁도 났지만, '언제 회사 돈으로 아프리카를 가보겠나?' 하는 생각이 우선이었다.

〈김연아의 키스앤크라이〉 회식 자리. "J 국장님 저 타잔인데요. 저 정글 같은 데 가면 정말 잘할 자신 있어요." 김병만이 회식 자리에서 꺼낸 말이었다. 어릴 적 전북 완주의 깡시골에서 자란 그는 톰 소여나 모글리처럼 자연을 벗 삼아 친구들과 놀러 다니는 생활을 즐겼다고 했다. 마침 당시엔 '통섭'이라는 개념이 사회의 화두였다. SBS는 이러한 트렌드에 발맞춰 교양국과 예능국을 한시적으로 통합해 운용 중이었다(당시 예능과 교양의 컬래버로 탄생한 대표 프로그램이 〈짝〉과 〈정글의 법칙〉이다). 오지 다큐멘터리를 전문적으로 찍어온 교양국 선배가 연예인이 아프리카 원시 부족 마을에 가서 체험하는 프로그램 기획안을 낸 상태였다. J 국장님은 김병만이 그 역할을 맡으면 적합할 것 같다고 제안했고, 모두의 니즈가 맞아 떨어지며 일사천리로 일이 진행됐다. 곧바로 '김병만'과 '오지'라는 키워드로 팀이 결성됐다. 기획안을 냈던 교양국 S 선배와 예능에서 잔뼈가 굵은 L 선배도 여기에 의기투합했다. 나도 얼떨결에(?) 조연출로 합류했다.

프로그램 이름을 〈오지 넘버원〉과 〈정글의 법칙〉 중 투표 끝에 후자로 정하고 (지금 생각해 보니 정말 다행이다. 〈오지 넘버원〉이라니….) 출연자로는 김병만과 달인 코너로 활동하던 류담, 〈출발 드림팀〉에서 호흡을 맞추던 리키김, 당시에도 핫했던 아이돌 황광희를 섭외했다. 2011년 9월 15일, 드디어 아프리카 나미비아로 촬영을 떠났다.

> "스타들로 이루어진 정글 원정대가 태초의 순수를 간직하고
> 있는 오지를 찾아간다! 자신들만의 방식으로 원시 부족과 함께
> 맨몸으로 거친 자연 앞에서 생존의 법칙을 보여주며 새로운
> 나를 찾아가는 프로그램."

홈페이지에 쓰인 〈정글의 법칙〉 프로그램 기획의도다. 설렘 반, 두
려움 반. 아프리카로 향하는 길은 녹록치 않았다. 홍콩을 경유해
에티오피아의 아디스아바바를 거쳐 도착한 나비미아 수도 빈트후
크. 첫 촬영 시작에 앞서 BBC, 내셔널 지오그래픽 등 해외 유수 다
큐멘터리 팀과 촬영 경험이 있는 프리랜서 피디 장드레와 피루스
가 오리엔테이션을 진행했다. 그들이 강조한 건 다름 아닌 이것이
었다.

> "우리가 자연을 존중하면, 자연도 우리를 존중한다.
> we respect nature, so does nature."

초원엔 사자가 있고, 강엔 악어가 있다고 주구장창 겁을 줄줄 알았
는데 다소 철학적인 멘트에 뒤통수를 얻어맞은 기분이었다. 대자

연과 조우하기에 앞서 기본적으로 우리가 가져야 할 마음가짐에 대한 얘기였다. 이 캐치프레이즈는 촬영 시작 때부터 끝까지 우리 프로그램의 모토가 되었다. 10여 년간 전 세계를 다니며 크고 작은 문제에 봉착했지만 대형 사고를 당하지 않았던 건 '자연에 대한 존중'을 잊지 않았기 때문일 것이다.

나미비아에서의 오지 촬영은 처음이었던 만큼 시행착오가 많았다. 텐트 치는 방법부터 시작해 식량 조달은 어떻게 해야 하는지, 비와 모래바람에 장비는 어떻게 관리해야 하는지, 더위와 벌레는 어떻게 피해야 하는지…. 모든 것에 서툰 제작진은 연일 이 문제와 씨름했다. 출연진뿐 아니라 제작진 역시 생존에 급급한데 동시에 촬영까지 진행해야 했으니 오죽했을까. 그래도 3주간의 촬영을 마치고 무사히 한국으로 돌아올 수 있었다.

정글에서 느낀 대자연의 경이로움

힘들었지만 좋았던 순간이 더 많았다. 무엇보다 큰 위로가 되었던 건 대자연이었다. 초원을 뛰노는 기린과 얼룩말, 나무 위에서 말을 거는 원숭이, 사바나 한복판에 오아시스처럼 나타난 쿠네네 강과 에푸파 폭포, 그 옆에 장승처럼 서 있던 바오바브 나무…. 원시적 생활을 영유하고 있는 힘바족의 환대와 삶의 방식도 기억에 남았다. 소와 염소를 키우며 유목생활을 하는 그들은 가축 한 마리 잡을 때도 감사한 마음을 담아 하늘에 기도를 올렸다. 자연에서 필요한 만큼만 얻고 더 욕심내는 법이 없었다. 그런 모습을 카메라에 담으며 조금씩, 자연스럽게, 대자연의 매력에 빠졌다.

파일럿 프로그램은 예상 외로 대흥행했다. 금요일 밤 11시에 방영되었는데, 첫 방송부터 두 자릿수 시청률을 기록, 회를 거듭할수록 그래프가 상승곡선을 그렸다. 당시 최고의 음악 오디션 프로그램과 동시간대에 맞붙어 승리를 거뒀다. 정규편성은 당연한 수순이었다.

주말 예능으로 편성되어 바누아투, 마다가스카르, 뉴질랜드, 벨리즈, 미크로네시아 등 다양한 대륙, 수많은 나라로 촬영을 갔다. 전 세계 행복지수 1위국 바누아투에선 남태평양의 풍요로움에 감사하며 춤과 노래, 미소를 잃지 않는 모습에서 행복의 법칙을 배웠다. 뉴질랜드에선 멸종위기종 키위새 보존, 마오리족 전통에 대한 존중, 어종 보호를 위해 해산물 크기를 스스로 철저히 규제하는 어부들의 모습에서 선진국의 앞선 제도와 공존의 법칙을 배웠다. 중미의 벨리즈에서는 죽기 전 꼭 가봐야 할 곳으로 불리는 그레이트 블루홀에서 김병만과 스카이다이빙 촬영을 한 것, 카리브해의 인어 매너티와 함께 수영했던 장면은 아직도 기억에 남는다.

무엇보다 초창기 가장 영감을 주었던 촬영지는 생물다양성의 천국 마다가스카르였다. 아프리카 동부의 섬나라 마다가스카르는

세계에서 생물다양성이 가장 높은 '핫 스폿(다양성 중심지)' 중 하나
다. 이곳의 동·식물 가운데 약 90%는 세계 어디에서도 볼 수 없는
고유종이다. 그곳에서 약 한달 간 동서남북을 누볐다. 영화 〈마다
가스카〉의 배경이 되는 동쪽 열대우림에서는 인간이 아닌 '병만류'
로 변신해 생존했다. 멸종위기종이자 마다가스카르에서만 볼 수
있는 알락꼬리여우원숭이, 브라운 리머, 하얀 베록스시파카, 대나
무여우원숭이, 쥐여우원숭이 등을 눈앞에서 만났다. 또한 전 세계
약 80여 종의 카멜레온 대부분이 모여 있는 그곳에서 성체 크기 약
4cm, 지구에서 가장 작은 카멜레온인 피그미 카멜레온 촬영도 성
공했다. 남쪽 사막에선 멸종된 코끼리새를 다뤘다. 키 3m, 몸무게
300kg에 육박, 알의 크기가 달걀의 약 200배에 달하는 전설 속의
동물. 인류가 거주지를 점점 확장하는 과정에서 무분별하게 사냥
하고 서식지를 파괴하여 결국 멸종되어 버린 코끼리새. 사막에 남
아 있던 코끼리새의 알 조각을 발견하며 무엇인지 모를 안타까운
감정을 느꼈다.

서쪽에서는 마다가스카르의 상징이자 『어린왕자』에 나온 바
오바브 나무 군락을, 북쪽에서는 하늘로 솟은 바다 그랑칭기를 마
주했다. 그랑칭기는 900만 년 전 바닷속에 있던 해저 지형이 지상
으로 융기되어 형성된 독특한 지형으로 지구의 역사를 간직한 살
아 있는 박물관이라 불리는 곳이다. 지금까지 훌륭히 보존되어 있

는 대자연, 다양한 생물종이 어울리는 모습을 보며 자연보호와 생물다양성에 대한 관심은 나도 모르게 커져만 갔다.

생물다양성을 사수하라

지구의 생물은 최초의 생명체로부터 다양한 환경에 적응하여 진화를 거듭했어요. 그 결과, 오늘날 과학자들은 지구에서 약 135만 종의 동물과, 약 30만 종의 식물을 발견했지요. 아직 인간이 발견하지 못한 생물종까지 합하면 약 1000만에서 3000만 종 이상이 지구에 살고 있을 것으로 추정된답니다. 생물들은 각기 다른 모습, 다른 방식으로 살지만 서로 먹이사슬 등으로 연결돼 생태계를 유지하고 있어요. 이처럼 생태계 안에서 조화롭게 어울려 사는 생물들을 통틀어 '생물다양성'이라고 하지요.

하지만 최근, 멸종하는 생물종이 급격히 많아지고 있어요. 인류가 출현하기 이전인 20만 년 전에 비해 수백 배 이상 빠른 속도로 생물종들이 멸종하고 있지요. 전 세계 과학자들은 빠른 멸종 속도를 지적하며 공동성명을 내고 있어요. 그런데 사람이 아닌 다른 생물들이 멸종하는 게 왜 심각한 문제일까요? 왜 생물종은 다양해야 할까요? 생물종이 다양하면 생태계에 어떤 변화가 있더라도 전체 생태계는 안정적으로 유지될 수 있기 때문이

에요. 즉, 생물다양성이 풍부해야 현재 일어나고 있는 생물 대멸
종을 막을 수 있답니다.*

2014년, 소위 말해 '입봉'을 했다. 이는 영화감독이나 피디, 작가,
기자가 처음으로 자신이 주체가 되어 독립적으로 하나의 작품이나
기사를 완성하여 공식적으로 발표하는 것을 뜻한다. 그 첫 작품을
'입봉작'이라고 한다. 지금까진 선배의 기획 아래에서 충실히 서포
트를 하며 배우는 과정이었다면, 이제부터는 내가 책임을 지며 오
롯이 나만의 이야기를 만들어가야 한다는 뜻이었다. 부담감도 상
당했지만 처음부터 〈정글의 법칙〉 기획에 참여한 피디였으니 기본
에 충실하고자 마음을 다잡았다. 생존이라는 기본 콘셉트는 유지
하되, 추가로 마다가스카르 촬영 때부터 관심이 있었던 생물다양
성 문제를 지속적으로 다뤄보고자 했다.

　　첫 무대는 세계에서 세 번째로 큰 섬 보르네오였다. 적도가 섬
의 중앙부를 통과하여 고온다습한 적도우림기후로, 섬 전체가 밀
림과 습원으로 덮인 곳. 영장류인 오랑우탄을 비롯해 각종 원숭이
가 서식하며, 다양한 조류와 코끼리, 악어, 뱀 등 파충류도 많은 천
혜의 정글이바로 보르네오다.

* 〈네이버 지식백과〉 - 초등 5학년 2학기 교과서에 나오는 생물다양성 내용.

무엇보다 내 마음을 사로잡은 건 전 세계에서 보르네오와 수마트라 섬에서만 볼 수 있는 오랑우탄이었다. 오랑Orang은 말레이어로 '사람'을 뜻하고, 우탄Utan은 '숲'을 뜻한다. 한마디로 '숲속의 사람'이라는 뜻이다. 인간과 유전자가 96% 일치하고, 3년 전 일까지 기억하는 똑똑한 오랑우탄은 나뭇잎을 우산처럼 사용하며, 작살로 물고기도 잡는 만능 재주꾼이다. 하지만 세계야생동물기금협회WWF에 따르면, 약 20년 후엔 더 이상 오랑우탄을 볼 수 없게 될지도 모른다고 한다. 무분별한 벌목, 화전을 만들기 위한 산불, 도로 건설 등의 이유로 오랑우탄의 서식지인 열대우림이 급격히 파괴되고 있기 때문이다. 개체 수 역시 수십 년 전에 비해 약 90%나 줄어든 상태였다. 다행히 말레이시아 정부에서는 오랑우탄 개체 수 보존을 위해 보호소를 운영하고 있었다. 그곳은 부모를 잃은 어린 개체들이 숲에서 살아남지 못할 것을 우려해 자생과 적응을 돕는 보육원 역할을 하는 생물다양성의 최후 보루였다. 그렇게 촬영지 답사 중 제작진은 우연히 부모를 잃은 아기 오랑우탄을 만났다.

우리는 민가에 있던 아기 오랑우탄을 보호소로 인계하는 프로젝트를 추진했다. 샤이니 온유가 두 팔 걷고 나서주었다. 국내 동물원의 오랑우탄 전문가(지금 생각하면 푸바오 할아버지 강철원 사육사 같은 분이었다)에게 철저히 교육을 받고 현장에 도착한 온유는 정글에서 부모를 잃은 아기 오랑우탄과 마주했다. 좋아하는 열대

과일 람부탄을 먹여주며 감격해하던 그는 '네' 살짜리 '오'랑우탄이라는 뜻을 담아 '네오'라는 이름을 지어주었다.

네오를 보호소로 무사히 인계하는 날엔 여러 감정이 교차했다. 안전한 곳에서 씩씩하게 자랄 수 있을 거란 안도감과 한동안은 녀석이 나고 자랐던 숲으로 돌아갈 수 없을 거라는 안타까움이었다. 촬영 후 후반 작업 땐 어린이 시청자들을 위해 오랑우탄 이야기를 담은 동화책 『오랑우탄 백서』를 제작했다. 단순히 일회성 방송으로 끝나는 게 아닌, 아이들이 두고두고 생각할 수 있는 결과물을 남기고 싶었기 때문이다. 시청자 추첨을 통해 책을 선물해 드렸는데 감사하게도 반응이 좋았다.

자신감을 얻은 우리 팀은 이후에도 촬영지마다 생물다양성과 멸종위기종 관련 프로젝트를 반드시 진행하기로 했다. 사실 첫 시작은 벨리즈 편에서 선배가 기획했던 '인간 vs 상어 신뢰 회복' 프로젝트였다. 대다수의 상어는 잔인한 이미지로 기억되지만 전 세계에 서식하는 400여 종의 상어 중 사람을 공격하는 종은 극히 소수에 불과하며 대부분은 온순하다. 1년에 상어에 의한 사고로 사망하는 사람의 수는 1~2명에 불과한 것에 비해 상어는 흉악한 동물이라는 잘못된 인식이 있다. 오히려 상어에게 제일 위험한 것은 바로 인간이다. 한 번쯤 중국집에서 먹어봤을 '샥스핀'이라는 지느러미를 얻기 위해 인간이 무분별하게 상어를 사냥하고 있기 때문이

다. 지금은 〈기생충〉으로 월드스타가 된 조여정 씨를 필두로 병만
족은 카리브해 곳곳에서 직접 만난 상어들과 셀카(?)를 찍으며 상
어가 공포의 대상이 아닌 함께 공존하며 살아가야 하는 소중한 자
연의 구성원임을 강조했다.

멕시코 편에선 멸종위기종 재규어가 처한 상황을 알리기 위해
마야 숲에 적외선 카메라를 설치했다. 아마존의 터줏대감으로 불
리는 재규어는 현재 생태계 파괴로 위협받고 있는 가장 상징적인
종 중 하나다. 농경지 및 목장 증가에 따른 서식지 손실과 함께 기
후변화로 인한 산불 위험 증가 및 수자원 감소로 멸종 위기에 처해
있다. 김병만은 인간 냄새를 최소화해 깊은 정글로 진입, 직접 카메
라를 설치하고 밤샘 촬영에 임했다. 비록 재규어 촬영에는 실패했
지만 세계자연보전연맹IUCN 멸종위기 관심 필요종, 오셀로의 모습
을 담는 데 성공했다.

미얀마 편에선 코끼리 보호소 봉사 프로젝트를 진행했다. 미얀
마에서 코끼리는 오래전부터 행운을 상징하는 신성한 동물로 사
랑을 받아왔다. 벌목에도 이용되며 미얀마의 경제 발전에 큰 몫을
해내던 코끼리는 무분별한 벌목이 금지되며 자연으로 방치됐고,
상아와 가죽을 노리는 밀렵꾼들의 사냥 대상이 됐다. 1999년에는
1만여 마리에 달했던 개체수는 현재 2천여 마리뿐이다. 이들을 보
호하기 위해 미얀마는 정부 차원에서 코끼리 보호소를 만들어 운

영 중이었다. UFC 선수이자 베테랑 예능인으로 활약 중인 김동현, 여배우 홍수아를 비롯한 출연자들은 직접 그곳을 찾아가 아기 코끼리 목욕 봉사를 하며 뜻깊은 시간을 보냈다. 프로그램의 주요 테마가 생존인지라 이런 기획은 한 시즌에 한 챕터 정도밖에 다루지 못했다. 하지만 보다 많은 시청자 분들이 생물다양성과 멸종위기종의 중요성을 알게 되길 바라는 마음으로 꾸준히 제작을 해왔다.

예능 최초, 남극에 발을 들이다

눈을 뜨니 세상이 온통 하얗다. 2018년 겨울, 나는 지구 반대편에 있었다. 바로 인류 최후의 미답지未踏地 남극 말이다. 남극 프로젝트는 〈정글의 법칙〉 팀의 숙원이었다. 2017년, 프로그램은 김병만의 스카이다이빙 부상으로 위기에 봉착해 있었다. 시청률 반등 기회와 방송 300회를 기념하고자 여름부터 남극 프로젝트를 준비했다. 당시 최고의 인기 프로그램이었던 〈무한도전〉과 〈1박 2일〉에서도 출연진 스케줄 조율과 칠레 지진 등으로 인해 결국 성공하지 못했던 남극 촬영. 운 좋게도 〈정글의 법칙〉 연출 당시 예능 프로그램 최초로 남극에 다녀올 수 있었다. 최초라는 흥분도 있었지만 설레는 이유는 또 있었다. 뉴스 자료나 다큐멘터리에서만 나오던 지구온난화 현장을 눈앞에서 볼 수 있고, 이를 시청자들께 전할 수 있다는 생각에서였다.

우선 남극 방문 얘기를 꺼내면 듣는 질문은 첫 번째 '얼마나 추워?', 두 번째는 '어떻게 갔어?'이다. 혹 궁금해하는 분들을 위해 지면을 통해 답을 드린다.

춥다. 정말 춥다. 진짜 춥다. 첫 질문에 대한 답이다. 두 번째, 준비 과정은 이랬다. 가는 방법은 두 가지다. 하나는 남미 칠레를 통해, 또 하나는 뉴질랜드를 통해서다. 루트만 뚫는다면 절반은 성공한 셈인데, 운 좋게도 친분이 있던 환경 NGO 단체의 이사장님이 방문을 예정하고 계셨다. 조언을 구해 칠레를 통한 입국 루트를 찾았다. 사전 허가 과정도 만만치 않았다. 남극점에 방문하려면 최소 50일 전 외교부에서 발행한 공식 문서가 필요했다. 연구 목적 외에는 허가가 까다로운데 마침 회사 기자 동기가 외교부에 출입 중이었다. 동기에게 소개를 받아 담당 주무관께 공익적인 기획의도와 촬영 내용에 대해 소상히 설명을 드렸다. 다행히도 출국 두 달 전 허가를 득했다.

다음 문제는 역시 돈이었다. 칠레 푼타아레나스와 남극 사이를 운항하는 민간 항공사가 딱 한 곳 있었다. 당연한 얘기지만 항공사 측에선 촬영 한 달 전 거액의 송금을 요청했다. 그때만 해도 남극행은 변수도 많고 리스크도 커서 아직 윗선의 허락을 받지 못한 상태였다. 시피님께 상황을 보고하니 감사하게도 "일단 지르자(?)"며 힘을 실어주셨다. 마케팅 팀은 출국 전날까지도 계약을 성사시키며 부족한 제작비 유치에 힘을 보태주었다. 이런 분들의 도움이 없었다면 남극행은 아마 꿈도 못 꿨을 것이다. 출연진은 영원한 족장 김병만을 필두로 정글의 단골손님이자 여전사 전혜빈(섭외 전화를 걸자마자 여권 사진을 보내와 고마웠던 기억이 있다), 배우 김영광이 합류했다.

하지만 남극은 쉽게 우리를 허락하지 않았다. 칠레 푼타아레나스에서 남극의 베이스캠프라 불리는 유니언 글래시어로 들어가려면 옛 러시아 화물기인 일루신Ilyushin IL-76을 타고 가야 한다. 일루신은 원래 구소련의 외딴, 서비스가 잘 되지 않는 지역에 중장비를 전달하기 위해 고안된 비행기로 비개발 지역에 재해 구호물자를 전달하기 위해 사용되어 왔다. 하지만 이 비행기도 남극의 변덕 앞에선 무용지물이 되기 일쑤였다. 결국 예정된 날짜와 시간에는 비행이 불가하다는 통보를 받았다. 3주간 대기만 하다가 남극에 가지 못했던 해외 연구팀의 이야기를 전해 들을 땐 불안감이 엄습하기도 했다. 근처에서 마젤란 펭귄을 상대로 인서트를 찍으며 시간을 보냈다. 귀여운 녀석들의 응원을 받으며 기도하는 마음으로 기다리던 우리는 며칠 후 날씨 좋은 어느 날, 남극행을 허락받았다.

다행히 촬영은 순조로웠다. 유니언 글래시어를 베이스로 삼아 이글루를 짓고, 태양열로 밥을 해먹었다. 촬영 3일차엔 쾌적한 날씨의 도움을 받아 목표했던 남극점에 무사히 도달할 수 있었다. 영

하 30~40도를 오가는 극한 추위와 안전 문제로 남극점엔 나와 카메라감독, 김병만 세 사람만 향하기로 했다. 가장 먼저 우리는 세리머니 남극점으로 향했다. 이곳엔 남극점 개척을 기념하는 지구본 모양의 남극점 표식과 남극조약 가맹국 12개국 국기가 꽂혀 있었다.

감격적인 촬영 후 아문센·스콧 기지를 방문했고, 지정학적 위치-남극점을 찾아 GPS로 정확히 남위 90도를 찍어보기도 했다. 애니메이션에서만 보던, 겨울왕국의 '음펨바 효과'를 실험하기도 했다. 이는 물이 얼 때 찬물보다 따뜻한 물이 먼저 어는 현상을 뜻하는 말로, 그 원인은 물의 수소결합과 공유결합의 에너지 상관관계에 의한 현상임이 밝혀진 바 있다(발견한 사람의 이름을 따서 음펨바 효과Mpemba effect라 부른다) 뜨거운 물을 하늘에 뿌리니 공기 중에서 물이 얼어붙어 얼음이 되어 떨어졌다. 김병만은 "겨울왕국 엘사가 알고 보니 남극에 성을 만든 사람이 아닐까"라며 신기해했다.

빙하의 눈물이 전해준 지구의 메시지

무엇보다 기억에 남았던 건 역시 빙하를 직접 마주한 일이다. 빙하촬영이야말로 남극으로 향한 가장 큰 이유이자 목적이었다. 퇴적암 지대 탐사 중 우리는 눈으로 보고도 믿지 못할 장면을 목격했다. 빙하가 녹아 물이 고여 있는 다소 비현실적인 모습이었다. 이 추운 남극 대륙 한가운데에서도 눈이 녹고 있다니. 뉴스에서만 보던 장면을 직접 목격한 충격은 상상과 차원이 달랐다. 부끄러운 얘기지만 그때까지만 해도 나는 지구온난화를 진심으로 걱정하는 사람은 아니었다. 그럼에도 잔상은 오래갔다. 마치 떨어지는 물방울이 빙하의 눈물 같았다. 전혜빈 씨도 비슷한 감정이었는지 인터뷰 도중 눈물을 보였다.

문득 떠오른 건 지구 반대편 남태평양의 친구들이었다. 피지, 솔로몬 제도, 바누아투, 미크로네시아, 통가…. 〈정글의 법칙〉에서 가장 많이 방문했던 태평양의 섬나라들이다. 촬영 때마다 자기 일처럼 우리를 도와줬던 환하게 웃던 얼굴들, 아낌없이 베풀어주는 바다에 항상 감사함을 잊지 않던 사람들. 하지만 그들 삶의 터전은 이미 위협받고 있었다. 촬영 때마다 뉴질랜드와 호주로 차례차례 이민을 준비하는 그들의 친구, 친척들을 여럿 만났었다. 기후난민이란 지구온난화로 인한 빙하 감소와 해수면 상승으로 고향을 떠나 다른 나라로 이민을 갈 수밖에 없는 안타까운 현실에 놓인 사람들을 말한다. 지금 이 순간에도 1분에 약 41명꼴로 기후난민이 발생하는 중이다. 과거 세계은행이 내놓은 〈국제 기후난민 준비과정〉 보고서에 따르면 2050년 세계 기후난민은 1억 4,300만 명이 될 것이라고 한다. 또한 유엔난민기구는 기후변화에 대해 우리가 적절한 대처 방안을 마련하지 않는다면 2050년까지 약 2억 명 이상이 강제 실향민이 될 것으로 보고 있다. 남극의 빙하를 녹인 주범은 대한민국을 포함한 선진국일진데, 피해는 남태평양 섬나라들이 받고 있다. 어쩌면 나 역시 그 친구들을 고향에서 내모는 일에 동참하고 있었는지도 모른다.

하지만 문제를 만든 이도, 풀어야 할 이도 바로 사람이었다. 그 현장에서 영국의 베테랑 탐험가 로버트 스완을 만난 것은 행운이었다. 그는 남극점과 북극점을 걸어서 정복한 최초의 인간이다. 남극 횡단 시 태양력, 풍력 등 친환경 에너지만 고집해 이동했고 테드TED의 연사로도 나선 세계적인 환경운동가. 그는 대를 이어 탐험가 아들 바니 스완과 함께 탐험 중이었다. 그가 세운 '2041'이란 환경재단은 미국·중국·러시아 등 50개국이 남극에서 채굴 활동을 못하도록 한 남극조약의 만료시기(2041년)를 따서 작명했다.

로버트 스완 부자와 함께 남극 얼음으로 팥빙수를 만들어 먹으며 인터뷰를 진행했다. 꽤 긴 시간을 함께 보냈는데 그들에게서 느낀 것은 다름 아닌 순수함이었다. 이들의 이야기를 들으며 세계 곳곳엔 기후변화 문제를 해결하기 위해 어떤 대가도 바라지 않고 묵묵히 최선을 다하는 사람들이 있다는 걸 알게 되었다. 이런 사람 한 명, 한 명 덕분에 지구가 지금까지 버텨주는 게 아닐까. 나뿐만 아니라 김병만 씨도 비슷한 감정을 느낀 듯했다. 돌아오는 길엔 '우리가 이 프로그램을 언제까지 할지 모르겠으나 대자연에서 받은 감동을 꼭 돌려주자. 방송을 만드는 사람으로서 그것이 작은 일이라도 우리가 할 수 있는 일을 해보자'며 의기투합했다.

그동안 남극을 촬영한 피디는 많았지만 졸지에 나는 처음으로 남극 촬영에 성공한 '예능 피디'가 되었다. 의도치 않게 여러 곳에서 특강 요청을 받았다. 문제는 지금도 그렇듯 아는 것이 너무 없다는 것이다. 때문에 과학적으로 깊이 있는 설명보다는 촬영 과정에서 만난 사람들, 느꼈던 점, 연예인 출연자들과의 비하인드 스토리를 쉬운 말로 전했다. 기후변화의 거창한 담론을 논하기보다 지구에서 가장 더운 곳과 가장 추운 곳을 다녀온 소회를 나눴다. 남극은 추워야 하고 적도는 더워야 한다고. 모든 게 자기 자리에 있을 때 행복할 수 있다는 이야기를 했다. 다행히 어린 친구들이 눈빛을 반짝이며 들어주었다. 물론 "출연자들에게 진짜 밥 안 줘요?"라는 질문이 압도적으로 많긴 했지만 말이다.

그렇게 남극행은 피디 인생의 터닝포인트가 되었다. 자의 반 타의 반으로 책임감도 생겼다. 괜히 한 번 더 텀블러를 들었다. 세련된 에코백은 아니지만 접이용 장바구니를 상시 휴대하고 다녔다. 분리배출 요령을 숙지해 페트병 라벨은 반드시 떼고 속은 헹궈 버렸다. 시간이 날 때마다 다큐멘터리와 책을 찾아봤다. 피디라는 직업을 통해 조금이라도 환경문제를 알릴 수 있는 방법이 없을지 진지하게 고민하게 되었다. 이전엔 단순히 생물다양성에만 관심을 가졌다면 점점 기후 위기, 폐기물 문제 등 다양한 쪽으로 관심이 넓어졌다.

2020년 팔라완에서의 촬영을 마지막으로 〈정글의 법칙〉은 코로나 팬데믹으로 휴지기를 맞았다. 이후 국내편 시즌을 약 1년 가까이 진행했지만 대자연의 모험을 보여주기엔 아쉬움이 남았기에 1년 만에 프로그램은 종영되었다. 그래서 그동안 전 세계를 돌아다니며 느낀 환경에 대한 이야기를 본격적으로 해보자고, 제작진과 머리를 맞대었다. 여러 아이템을 고민했지만 먼저 예전부터 관심을 가져왔던 생물다양성 관련 기획을 구체화시켜 보았다. 그 결과물이 바로 2022년 1월 방영된 신년특집 3부작 〈공생의 법칙 - 교란은 곤란해, 조화가 필요해〉다.

이 프로그램의 시작은 꿀벌 관련 기사였다. 전 세계적으로 꿀벌이 사라지며, 인류의 식량 안보가 위협받고 있다는 보도였다. 전 세계 식량의 70%가 꿀벌의 화분 매개에 따라 열매를 맺는다고 한다. '꿀벌이 사라지면 4년 내 지구는 멸망한다'는 알베르트 아인슈타인의 예언이 현실이 되어가고 있었다. UN에서는 '세계 꿀벌의 날'(5월 20일)을 지정해 알리고 있으며, 안젤리나 졸리 등 할리우드 스타들은 꿀벌 지킴이를 자처하며 각종 캠페인을 벌이고 있었다.

마침 국내 사례를 조사하던 중 중국에서 넘어온 '등검은말벌'로 인해 국내 꿀벌 개체수가 상당히 감소했다는 기사를 접했다. 그때 느낌이 왔다. '아! 이거구나' 다양한 환경 관련 주제 중 꿀벌을 필두로 생물다양성과 침입외래종 문제를 다루면 좋겠다는 생각이 들었다. 〈정글의 법칙〉에서 보여준 대자연과 다양한 생물종이 조금이나마 보전되었으면 하는 바람에서였다. 그런 의미를 담아 팀 이름을 ESG(Eco System Guardians) 특공대로 작명했다. 김병만을 포함해 배우 배정남, 가수 박군이 흔쾌히 합류해 주었다.

기획의도는 '생태계 교란종의 원인과 현황을 파악하고 조화로운 공생을 위해 할 수 있는 일은 무엇인가 생각해 본다'였다. ESG 특공대는 등검은말벌, 미국 가재, 배스, 블루길, 황소개구리, 뉴트리아를 찾아 침입외래종 개체수 조절을 위해 전국 방방곡곡으로 출동했다. 방송을 보신 분들이 공통적으로 해준 말씀이 '고생 참 많이 했겠다'였다. 정신없이 답사하고 촬영할 때는 몰랐는데 돌아보니 고생을 꽤나 한 것 같다. 계산해 보니 총 8개월 간 관련 전문가만 70여 명을 취재했고 11,000km를 넘게 돌아다녔다.

가장 기억에 남는 건 역시 침입외래종 '등검은말벌' 촬영이었다. 무게 8kg에 달하는 특수방호복을 입고 여름 내내 답사 및 촬영을 진행했다. 방송에 나오지 않았으나 벌집 제거는 하절기에만 가능하고, 시간이 오래 걸려 전문가들은 옷 내부에 소형 선풍기를 달고 작업을 한다. 하지만 김병만, 배정남, 박군 등 ESG 특공대와 제작진은 누구도 선풍기를 켤 수 없었다. 선풍기 소리가 오디오 수음을 방해하고 촬영 시 의사소통도 불가능해지기 때문이다. 찍으면서 탈수가 왔을 정도니 체감 온도가 40도는 족히 넘었던 것으로 기억한다. 혹시 모를 안전사고에 대응하고자 전문가와 팀닥터가 매번 동행했고, 아나필락시스 쇼크에 대비해 에피네프린 주사를 처방받아 상시 휴대하고 다닐 정도였다. 꿀벌 인서트 촬영도 만만치 않았다. 등검은말벌의 꿀벌 납치 장면을 카메라에 담기 위해 경북 안동, 칠곡, 강원도 화천을 돌아다니며 약 2주간 합숙하며 시간과 정성을 쏟았다. 초고속카메라, 초접사 렌즈, 전동 달리, 트라이포드, 조명 등 무거운 장비를 메고 방호복까지 입으니 그야말로 사우나가 따로 없었다. 모든 스태프가 여름 내내 고생한 덕분에 생생한 그림을 담아 전할 수 있었다.

후반 작업도 도전의 연속이었다. 예능보단 다큐에 가까운 형식이다 보니 우리만의 새로운 편집 문법을 만들기 위해 국내외 유수 다큐멘터리를 모니터하며 후배 피디들과 고민을 거듭했다. 체크해야 할 팩트도 산더미인지라 국립생태원에 확인하고 또 확인했다. 환경문제를 시청자분들께 알릴 때는 재미는 기본이거니와 정확한 팩트 전달이 가장 중요하다. 다행히도 결과는 좋았다. 3부작 모두 동시간대 시청률 1위를 달성했고 게시판엔 정규편성 요청이

이어졌다. '환경 예능'이라는 새로운 장르의 가능성을 엿본 순간이
었다.

세계를 무대로 〈공생의 법칙〉을 써나가다

이 요청은 자연스럽게 다음 시즌 제작으로 이어졌다. 시즌2는 장소
를 글로벌로 확장, '변화'와 '행동'을 독려하는 데 초점을 뒀다. 이
에 미국 오대호를 위협하는 침입외래종 아시안 잉어 문제를 다루
며 미국 주정부와 협업해 그들의 대처법 및 연구과정을 동행 취재
했다. 민간 단체에서 침입성 잉어 개체수를 조절하여 그 주최자가
명예의 전당에 올라, 사회적 반향을 일으킨 생태계 수호 축제 레드
넥 피싱 토너먼트에도 참가했다. 또한 침입성 잉어 이름을 '코피
Copi'로 개명해 식용화를 위해 노력하는 그들의 이야기를 소개하고,
현지 식당을 빌려 식용화 캠페인에도 동참했다.

한국에 돌아와서는 미국에서 보고 배운 점을 국내에 적용해 보
기로 했다. 한국스포츠피싱협회와 함께 배스 개체수 조절을 위한
낚시 페스티벌을 개최했다. 시민 200여 명을 초대해 배스 식용화
방안 모색을 위한 대국민 배스 시식회를 진행했다. 이연복 셰프의
배스짬뽕과 정호영 셰프의 어떡어떡(배스어묵+떡)은 남녀노소를
가리지 않고 인기를 끌었다.

운도 따라주었다. 마침 미국 현지를 공포에 떨게 했던 머더 호

넷(살인 말벌) 장수말벌 연구를 위해 미국 워싱턴주 농무부ₓₛₒₐ가 한국에 출장을 온 상황이었다. 아이러니하게도 미국 입장에선 한국에서 넘어간 장수말벌이 침입외래종으로 분류되어 있기에, 원산지(?)인 한국을 찾아왔다. 그들과 함께 꿀벌을 지키기 위한 말벌 위치추적기 프로젝트를 진행했다. 미국 과학자들에게 장수말벌의 몸통에 가느다란 실로 위치추적기를 달아 벌집을 용이하게 찾는 최첨단 기술을 전수받을 수 있었다. 국내 벌 연구 권위자 최문보 교수의 도움을 받아 실행에 옮겨 보았다. 이는 국내에선 최초로 시도된 과학적 추적 방법으로 자사 메인 뉴스에도 보도가 되었다.

우리 프로그램은 생물다양성뿐 아니라 다양한 환경문제로 소재를 넓히기 시작했다. 촬영기간 내내 환경부 산하 환경산업연구단지와 함께 업사이클링 캠페인을 진행했고, 해양쓰레기 수거 플로깅 챌린지에도 동참했다. 마지막엔 '상괭이 엄마'로 불리는 이영란 수의사와 함께 멸종위기종 토종 돌고래 상괭이 이야기를 소개했다. 지구에게 있어 최대 침입외래종은 다름 아닌 '인간'이라는 다소 충격적인 메시지를 던지며 시즌을 마무리했다.

이러한 노력에 힘입어 감사하게도 〈공생의 법칙〉 시리즈는 제56회 휴스턴 국제 필름 페스티벌 네이처&와일드 라이프Nature& Wildlife 티브이 부문에서 최고상인 플래티늄상을, 2023 뉴욕 티브이&필름 페스티벌에서 사회정의 부문Social Justice 동상을 수상했다.

가장 뜻깊었던 건 동료들의 인정이었다. 피디들이 뽑는 상, 피디연합회에서 주는 제263회, 제271회 이달의 피디상 예능 부문 수상작으로 선정되는 영광도 누릴 수 있었다.

고생했던 만큼 뿌듯함도 컸다. 〈정글의 법칙〉을 통해 뿌린 씨앗이 〈공생의 법칙〉에서 결실을 맺는 느낌이었다. 본격적인 '환경 예능'의 길로 들어선 셈이다. 한 편으로 걱정도 있었다. 다큐멘터리에 가까운 제작방식 탓에 레귤러 프로그램으로 확장이 가능할지, 또 생물다양성이라는 소재가 시청자의 동참을 이끌어내기 쉽지 않은 포맷이 아닐까 하는 우려였다. 무엇보다 마음 한편엔 '계속 이 길로 가는 게 맞는 걸까?' '더 진정성 있고 능력 있는 피디들이 나서는 게 낫지 않을까?' '내 전문 분야인 보통 예능을 다시 만들어야 하는 게 아닐까?' 하는 현실적인 고민이 계속 들었다.

"우리가 한다, 끝까지 한다" 〈녹색아버지회〉

2023년 새해가 밝았다. 고민은 계속되었다. '공생' 시리즈를 계속 이어갈 것인가, 혹은 한동안 놓고 있었던 예능의 길로 다시 돌아설 것인가. 그런데 어느 순간부터 티브이나 뉴스를 통해 'ESG, ESG' 하는 말이 들려왔다. ESG의 본래 뜻은 공생의 법칙에 나온 'Eco System Guardians'가 아니다. 기업의 비재무적 요소인 환경Environment·사회Social·지배구조Governance를 뜻하는 말로 정부, 기업, 지자체 등 모든 사회 구성원이 책임을 다해야 한다는 의미다. '2023년은 ESG 원년'이라는 말이 생길 정도로 정부 정책부터 기업 전략, 각종 규제에 이르기까지 ESG는 외면할 수 없는 대세로 자리 잡았다. 내가 소속된 SBS도 언론사이기 전에 기업이다. 회사 역시 연초부터 이를 프로그램화 할 수 있는 방법을 고민 중이었다. 마침 높으신 분들(?) 회의 때 "김진호가 요새 그런 거(〈공생의 법칙〉을 뜻하는 듯) 하지 않나?"라는 사장님 한마디에 내 뜻과 상관없이 ESG 기획 피디로 낙점을 받게 되었다.

결국 운명(?)이려니 하는 생각으로 자연스럽게 〈공생의 법칙 시즌3〉를 구상했다. 이왕 하는 거 주제를 확장시켜, 더 광범위한 환경문제를 다뤄보면 좋겠다는 욕심이 생겼다. 첫 장소로 생각한 곳은 북태평양에 자리 잡은 쓰레기섬 GPGP였다. GPGP란 'Great Pacific Garbage Patch'의 약어로 태평양 해역에 위치, 추정컨대 한반도 면적의 약 14배에 이르는 거대 쓰레기섬을 말한다. 바람과 해류의 영향으로 북태평양뿐 아니라 북대서양, 인도양 등에는 GPGP를 포함해 5개의 쓰레기섬이 존재한다. '여길 가면 그림이 되지 않을까?' 피디로서의 직감이 발동되는 순간이었다.

쓰레기섬으로 향하는 길은 쉽지 않았다. GPGP를 가려면 세계적인 NGO '오션클린업'의 도움이 필수였는데 우선 그 단체에서 난색을 표했다. 오션클린업은 네덜란드의 청년 실업가 보얀 슬렛

이 만든 단체로, 몇 년 전부터 전 세계 과학자와 기업들의 후원을 받아 거대한 선박과 조류의 움직임을 이용해 GPGP의 플라스틱 쓰레기를 수거하고 있다. 촬영을 하려면 바다에서 장기간 머물러야 하기 때문에 최소 몇 달간의 안전교육이 필수라고 말했다. 그러한 이유로 오션클린업은 우리 촬영팀의 동행을 정중히 거절했다.

또 하나의 변수가 생겼다. 엎친 데 덮친 격으로 각종 경제지표들이 바닥을 치며 광고 시장마저 침체기에 빠졌다. 회사에서는 ESG도 좋지만 수익성을 보장되는 프로그램을 제작해야 한다는 지침이 내려왔다. 또한 지난 시즌에서 함께한 출연진들도 이번엔 일정이 맞지 않아 같이 갈 수 없는 상황이 되고 말았다. 한마디로 전쟁을 해야 하는데 무기(아이템)도, 총알(제작비)도, 장수(출연진)도 없는 상황이었다. '환경 예능'의 길을 계속 가야하는 게 맞나 하고 흔들렸다.

아쉬움이 남는 건 어쩔 수 없었다. 휴대전화 메모장 속 아이디어들이 나를 이대로 묻어둘 거냐고 아우성 치는 듯했다. 결국 찾은 돌파구는 '진정성'이었다. 어차피 잃을 것도 없는 상황, '안 되면 할 수 없지'라는 생각으로 일단 영업(?)에 나섰다. 1순위는 출연자 섭외였다. 열악한 상황에서 '좋은 뜻'만으로 움직여줄 사람이 누가 있을까? 처음으로 떠오른 사람은 바로 차인표 선배님이었다. 좋은 일에는 언제 어디서든 나서줄 것 같은 사람. 이것저것 따지지 않고 진심을 다해 임해줄 것 같은 사람. 팀원들과 상의 후 차인표 선배를 주인공으로 한 프로그램 제목을 먼저 지어보았다. 이름하여 〈녹색 아버지회〉. 친환경을 상징하는 '녹색'에 기존 아이들 등굣길 안전을 책임지는 '녹색어머니회'를 패러디하여 이질감을 줄이고 위트를 더한 제목이었다. 떨리는 마음으로 차인표 선배님께 기획안을 보냈다.

2주 뒤, 오케이 답변이 도착했다. 수락 이유는 의외로 단순했다. "이 나이 먹고 아무 일이나 할 수 없잖아요. 여행 가고 먹방하고 이런 거 말고, 의미 있는 일을 하고 싶었어요." 이후의 일은 일사천리였다. 우리가 처음 생각한 베스트 라인업 세 분께 제안을 드렸더니, 모두가 기다렸다는 듯이 긍정적 회신을 주셨다. SNL 밈의 아이콘이자 세 아이 아빠 정상훈, 요즘 가장 핫한 요리 대디 류수영, 그리고 엠지 똥별이 아빠 제이쓴이었다. 정상훈 씨는 어려운 주제지만 시청자들에게 재밌게 내용을 전달하고 싶어서, 류수영 씨는 환경문제가 얼마나 심각한지 직접 느껴보고 싶어서, 제이쓴 씨는 와이프이자 SBS 공채 개그우먼 홍현희 씨가 무조건 하라고(?) 해서.

저마다의 이유로 모인 네 아빠들은 진정성으로 똘똘 뭉쳐 하나가 됐다. 공익적인 기획에 호감 스타들까지 함께 하니 평소 ESG에 관심을 갖던 지자체와 기업들도 동참하기 시작했다. '아이들의 교통안전은 녹색 어머니가! 지구안전은 녹색 아버지가 책임진다!'를 모토로 '내 아이가 살아갈 지구를 위해 국내외 환경 이슈를 직접 찾아가 솔선수범하는 친환경 버라이어티' 〈옆집 남편들 - 녹색아버지회〉(이하 〈녹색아버지회〉)가 탄생했다.

아기 코끼리를 죽인 건 우리 모두였다

우리는 수많은 환경문제 중 제로 웨이스트, 다름 아닌 쓰레기에 집중하기로 했다. 기후온난화, 생물다양성, 탄소 배출 등 다양한 주제가 있지만 그중에서도 심각성을 영상으로 직관적으로 보여줄 수 있는 건 '쓰레기'라는 생각이 들었다. 생활 속에서 바꿀 수 있는 일부터 시작해 보자는 차인표 선배의 의견을 반영한 것도 컸다. 첫 시즌에는 플라스틱과 분리배출 등 생활 속에서 누구나 피부로 느낄 수 있는 소재를 다루기로 했다.

뜨거운 한여름, 첫 촬영지는 스리랑카였다. 다름 아닌 '플라스틱 코끼리'를 찍기 위해서였다. 예전부터 외신 기사와 다큐멘터리를 통해 접했던 것인데, 스리랑카의 한 폐기물 매립지에서 서식지를 빼앗긴 코끼리들이 플라스틱 쓰레기를 먹고 장폐색으로 죽어간다는 충격적인 내용이다. 답사를 갔을 때 우리를 맞이한 건 길가에 쓰러져 죽어 있는 아기 코끼리였다. 다큐멘터리에서 보던 장면을, 플라스틱이 인류뿐 아니라 동물의 목숨까지 앗아간다는 사실을 눈앞에서 목도한 순간이었다. 카메라 감독은 본능적으로 카메라를 가져갔다. 센 그림을 찍었다는 뜨거운 마음 한편엔, 나 역시 가해자라는 죄책감이 들었다. 여기에 있는 쓰레기는 내가 버린 건 아니지만 분명 지구 어딘가엔 내가 사용하고 버린 플라스틱으로 아픔을 겪고 있는 땅이, 바다가, 생명이 있을지 모른다는 생각이 들었다.

옆에 자리한 폐기물 처리장. 서식지를 잃은 코끼리들은 인간이 버린 음식물 쓰레기를 먹으러 쓰레기차가 들어오는 시간에 맞춰 무리를 지어 나타났다. 먹이 경쟁으로 인해 음식 쓰레기뿐 아니라 그것이 담긴 비닐과 플라스틱까지 닥치는 대로 입에 넣기 시작했다. 현장에 함께한 류수영 씨는 할 말을 잃었고, 이를 스튜디오에서 지켜보던 아빠들 역시 충격을 받은 건 마찬가지였다.

"인간이 도대체 무슨 짓을 한 거냐…."

화면으로 영상을 보던 차인표 선배의 한마디가 이 모든 상황을 설명해 주는 것만 같았다.

지구를 살리는 쓰레기와의 전쟁

본격적으로 시작된 국내 촬영. 대한민국의 현주소를 살펴볼 차례였다. 일일 환경미화원 체험을 통해 어마어마한 쓰레기 배출량에

한 번 놀랐고, 재활용 선별장 체험으로 국내 분리배출 실태에 두 번 놀랐다. 나 역시 그동안 분리배출을 제대로 하고 있다고 믿었건만 실은 모르는 것 투성이었다. 그래서 후반 작업 때는 시청자들에게 올바른 분리배출 방법을 최대한 쉽게 설명하는 데 심혈을 기울였다. 우리 팀은 매일 구청 청소과에 전화를 하고, 환경부 홈페이지에 접속하고, 내 손안의 분리배출 앱을 다운받아 공부했다.

이후엔 솔루션에 돌입했다. 서울시 기후 환경본부의 의뢰로 단위 면적당, 단위 시간당 가장 많은 사람이 모이는 곳 중 하나인 잠실야구장 쓰레기 줄이기 프로젝트에 도전했다. 일명 '토끼굴'이라 불리는 관객석 통로는 매 경기가 끝나면 몰리는 쓰레기들로 골머리를 앓고 있었다. 경기 중엔 그래도 괜찮았지만 9회가 끝나고 관객이 퇴장할 때면 플라스틱, 병, 종이, 음식물 등으로 나눠진 분리배출통이 유명무실해지기 일쑤였다. 혼합 배출로 인해 재활용률이 낮아졌고 안전 문제도 심각했다. 우리는 프로야구 출범 40년 만에 겁도 없이(?) 쓰레기통 위치 변경 프로젝트를 진행했다. 감사히도 LG 트윈스 구단과 구장 관리 용역업체인 백상 실무진들이 흔쾌히 응해주셨다.

경기장 밖으로 옮긴 쓰레기통과 관객들의 반응을 관찰하는 솔루션 데이. 떨리는 마음으로 영상을 모니터하던 출연진은 감격할 수밖에 없었다. 시민 한 분 한 분이 쓰레기를 들고 나타나 하나하나

바르게 분리배출을 하기 시작한 것이다. 남녀노소 할 것 없이 줄서서 차례대로 분리배출을 하는 모습은 그야말로 장관이었다. 누군가의 말처럼, 그동안 시민들은 하기 싫어서가 아니라 시스템의 문제로 할 수 없었던 거였는지도 모른다. 모두가 동참하는 모습을 눈으로 확인하며 한 사람, 한 사람의 마음속엔 분명 환경 보호를 위한 뜨거운 마음이 있다는 것을 알 수 있었다.

지금도 잠실야구장에는 우리의 손때가 묻은 분리배출통이, 새로운 자리에서 묵묵히 자신의 소임을 다하고 있다.

이외에도 녹색아버지회는 잠실야구장 다회용기 사용 독려, 제주도 해양 쓰레기 게릴라 플로깅, 울진 삼척 산불 현장 복원사업, 그린송 제작 및 환경부 음원 기부 등 전국 방방곡곡을 누비며 다양한 프로젝트를 진행했다. 이 과정에서 물심양면 많은 분들의 지원이 있었다. 서울시, 벼룩시장, 프로쉬, 기아자동차, 이마트, 우리금융지주, 내셔널지오그래픽 등 ESG를 실천 중인 공공기관과 기업들이 부족한 제작비를 보태주셨다.* 반기문 前 UN 사무총장, 한화진 환경부 장관, 권병현 前 주중대사 등 그야말로 친환경 어벤져스급 라인업은 조언과 격려로 우리 프로그램을 지원사격해 주셨다. 비록 시청률은 아쉬웠지만 레귤러로서의 확장 가능성과 각계각층

---

* 함께 해주신 SBS M&C 이혜영 부장님께 감사 드린다.

이 환경문제에 뜨거운 관심을 가지고 있다는 걸 확인한 건 소기의 성과였다.

이에 힘입어 〈녹색아버지회〉 팀은 SBS 연예대상에서 '에코브리티' 상을 수상했다. 현재는 시즌2를 함께 할 '녹색시민회원'을 모집 중이다. 이분들과 또 어떤 유쾌한 일을 벌일 수 있을지 즐거운 상상을 하며 새로운 시즌을 기획 중이다.

내가 책임져야 할 운동장

외갓댁에서 〈정글의 법칙〉 재방송을 보고
정법의 매력에 폭 빠진 정진이.
〈정글의 법칙〉 하는 금요일을 알기 위해
월화수목금을 알게 된 아이.
매일 아침 저녁으로 오늘이 금요일이냐구 묻는 아이.
일주일에 하루 금요일, 정진이는 불금을 보낸다.
동생들은 모두 자고 엄마랑 둘이서,
때론 아빠도 독차지하고 과자도 실컷 먹고 야식도 먹고
늦은 밤 하는 〈정글의 법칙〉을 낄낄거리며 본다.

— 바른 생활 아이 정진이의 탈선 생활*

* 블로그 〈햇살미소와 함께〉에서.

어느 블로그에서 본, 지금도 피디 생활에 지칠 때면 가끔 찾아보는 글이다. 연출자로서 가장 설레는 순간은 시청자 반응을 살필 때다. 기사 댓글도 보지만 가장 신경 써서 모니터하는 건 블로그다. 블로그는 거짓말을 하지 않는다. 댓글은 누군가의 반응을 기대하며 쓰지만 블로그는 일기처럼 전혀 꾸민 내용이 없기 때문이다. 덕분에 시청자의 내밀한 반응을 피부로 느낄 수 있다. 정진이뿐 아니라 난데없이 공사장 모래더미 위로 올라가 마다가스카르 사막이라고 외치던 아이, 모자 위에 헤드랜턴을 쓰고 동굴 탐험을 하러 간다는 유치원생, 작살을 만들어 학교 연못의 잉어를 잡으러 갈 거라고 해 섬찟하게(?) 만든 초등학생에 이르기까지. 글을 읽으며 나 역시 울고 웃었다. 그럴수록 아이들에게 미디어가 미치는 영향과 힘에 대해 실감했고 보람을 느낀 만큼 책임감도 커졌다.

나도 한때는 티브이 키즈였다. 재미있는 프로그램은 학원을 빼먹고 본방사수했다. 고등학생 때 방영된 MBC 〈칭찬합시다〉와 〈느낌표〉는 꿈을 갖게 해준 고마운 프로그램이다. 밥퍼 목사로 유명한 최일도 목사님이 나오신 그날, 쌀집 아저씨 김영희 피디처럼 공익 예능을 만드는 피디가 되고 싶다고 결심했다. 운 좋게도 SBS에 입사해 〈패밀리가 떴다〉, 〈야심만만〉, 〈강심장〉, 〈스타킹〉 등의 조연출을 거쳐 〈정글의 법칙〉을 만났다. 공익 예능의 꿈과 멀어지나 싶더니, 어느새 〈공생의 법칙〉과 〈녹색아버지회〉를 연출하게 되었다. 처음에는 '지구 지키기'에 진심도 아니었고 큰 뜻도 없었다. 어릴 적 받은 영향이 자연스럽게 나를 이 길로 이끌었는지도 모르겠다.

요즘은 환경 공부를 위해 시간이 날 때마다 각종 포럼과 컨퍼런스에 참석한다. 방송국 선배는 "어디 출마하려고?"라고 놀리기까지 한다. 심지어 책까지 쓰게 될 줄이야! 부족한 내가 기라성 같은 선후배님들과 함께 한 챕터를 장식할 자격이 되는지… 솔직히 지금도 민망하다.

그동안 다큐멘터리의 범주에서만 다뤘던 환경문제를 예능 장르에서 다루고자 했던 시도는 의미 있다고 생각한다. 따지고 보면 예능의 소재가 20개가 안 된다. 음악, 퀴즈, 연애, 운동, 여행, 음식, 토크, 코미디, 가족, 육아 등등. 그 몇 가지 소재가 수십 년 동안 옷만 바꿔 입으며 재탄생할 뿐이었다. 하지만 프로그램 내용은 현실을 반영한다. 전 세계인의 관심사이자 '메가트렌드'인 환경 소재를 예능에서도 많이 다루면 좋겠다. 업계에도 이미 그런 움직임이 감지되고 있다. 친환경 프로그램을 표방하지 않아도 크게는 미션의 주제부터, 작게는 소품 선택에 이르기까지 환경문제는 다양한 방식으로 녹아들고 있다. 물론 어려운 주제를 재밌게 다루는 건 쉽지 않은 일이다. '재미있는 환경 예능'은 '구불구불한 직선'처럼 말도 안 되는 얘기인지도 모르겠다. 그래도 이 문제에 함께하는 스타와,

고민하는 작가, 몸 사리지 않는 스태프들이 있다면 가능하지 않을까 조심스레 꿈꿔본다.

차인표 선배가 했던 말 중 기억에 남는 얘기가 있다. 지구의 총 육지 면적을 세계 인구 80억 명으로 나누면 약 5,600m²이 나온다고 한다. 학교 운동장보다 조금 큰 크기다. 한 사람이 딱 그만큼만 책임지면 지구는 깨끗해질 거라고 한다. 우리는 그 지구를 아이들에게 잠시 빌려 쓰는 중이다. 내가 책임지고 있는 운동장이 브라운관이라면 빗자루는 카메라다.

"아빠, 내가 좋아하는 코끼리가 멸종위기종이래." "엄마, 벌이 침을 쏴서 무서웠는데 꿀벌이 소중한 줄 이제 알았어요." "할머니, 빨대는 재활용이 안 된대요. 그냥 마셔요." 정진이가 티브이를 통해 '월화수목금토일'을 배운 것처럼, 정보든 재미든 감동이든 앞으로도 아이들에게 작은 울림을 전할 수 있다면 좋겠다. 그것이 지구를 빌려 쓰고 있는 어른으로서 할 수 있는 최소한의, 예능 피디로서 할 수 있는 최대한의, 다섯 살 아들을 둔 아빠로서 할 수 있는 최선의 일이라고 믿는다.

기후 위기를 팝니다

KBS 구민정 피디

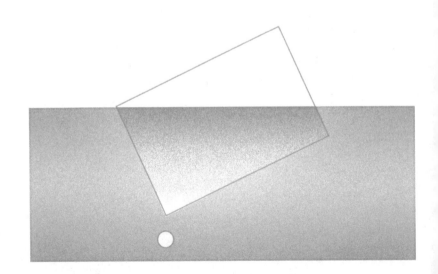

"'내가 이런다고 뭐가 달라지겠어?'가
만연한 세상, 기후 위기로 인한
무기력함을 넘어 우울증까지 앓는 시대에,
이 문제를 해결하기 위해선 캠페인이 아닌
새로운 상상력이 필요하다고 생각했다."

나는 예능 피디다. 방송국에 소속된 예능 피디로서 프로그램을 화제성 있게 만들어서 시청률이 잘 나오게 할 의무가 있다. 그래야 프로그램에 광고도 붙고 방송사도 돈을 벌고 나도 월급을 받을 수 있다. 한마디로 어떤 이야기를 그럴 듯하게 만들어서 사람들의 관심을 끄는 게 나의 일이다.

그래서 프로그램을 기획할 때 가장 먼저 고민하는 것은 '어떤 이야기를 할 것인가', 즉 '어떤 상품을 팔 것인가'에 대한 것이다. 소설에 베스트 셀러가 존재하듯, 방송에서도 잘 팔리는 이야기는 분명 있다. 인간의 본능을 자극하는 생존 서바이벌, 오디션 혹은 연애 리얼리티와 같은 사랑에 대한 이야기다. 어렵게 설명하지 않아도 원초적으로 사람들의 관심을 끌 수 있으니까.

약 8년 여에 걸친 조연출 기간 동안 사람들이 좋아할 만한 이야기를 재밌게 풀어내는 방식을 충실히 익혔다. 엠넷에 입사해 막내로 투입되었던 오디션 프로그램 〈슈퍼스타 K5〉에서는 갈등을 통해 긴장감과 생존 본능을 자극하는 방식을 배웠다. KBS로 옮겨와 〈위기탈출 넘버원〉에서 '사망 VCR' 전문 조연출로서 갖가지 죽음을 알차고 쫄깃하게(?) 연출하는 법을 배웠다. 이후 〈배틀 트립〉, 〈슈퍼맨이 돌아왔다〉, 〈불후의 명곡〉, 〈1박 2일〉 등 다양한 버라이어티, 관찰 프로그램을 거치며 대중이 좋아하는 것과 그것을 충분히 씹고 뜯고 맛보고 즐길 수 있도록 더 재밌게 표현하는 법을 익혔다. 100일간 마늘을 먹은 곰이 사람으로 환생하듯 지난한 조연출 생활을 마치고 연출로의 화려한 데뷔를 꿈꾸던 2021년 봄! 나는 '기후 위기'를 이야기하는 프로그램을 만들기로 마음먹었다. 하고 많은 이야기 중에 하필이면(?) 사람들에게 별로 인기 없는 주제인 '환경'에 대한 이야기라니…. 프로그램 기획안을 써서 기라성 같은 선배님께 보여드렸을 때 그는 심각한 얼굴로 이렇게 말씀하셨다.

"그래서 탄소가 뭔데?"

불과 3년 전만 해도 국내 미디어에서 '탄소'와 '기후변화'에 대한 이야기는 가뭄에 콩 나듯 흘러나오던 시기였다. 그의 반응은 정확

하게 대중적인 반응이었다. '아뿔싸. 가야 할 길이 9만리구나….'

그 후, 정말 9만리를 걸어 〈오늘부터 무해하게〉, 〈보통의 용기〉, 〈지구 위 블랙박스〉까지 기후 위기 3부작을 세상에 내놓았다. 서당 개도 3년이면 풍월을 읊는다고, 3년 동안 '기후 위기'를 이야기하다 보니 어느덧 '환경 예능 피디'로 사람들에게 각인되었고, 이렇게 책까지 쓰게 됐다. 문득 뒤돌아보니 '나의 둥지(예능)에서 너무 멀리 걸어 나왔나' 싶은 두려운 마음이 들고 '어쩌다 여기까지 오게 됐지?'라는 생각도 든다.

그러니까… 어쩌다 이렇게 됐지?

이게 다 캠핑 때문이다

'기후 위기'를 이야기하는 예능 피디라고 하면 많은 분들이 실로 어쩌다 환경에 관심을 갖게 됐는지 궁금해한다. 대부분 내가 어렸을 적부터 환경에 대단히 관심이 많았거나 방송인이자 언론인으로서 엄청난 사명감을 갖고 뛰어들었을 거라 예상한다. 하지만 거창할 것도 없이 시작은 정말 단순했다. 그저 캠핑을 좋아했기 때문이다.

자연에 파묻혀 있는 걸 좋아한다. 특히 조연출 시절에는 '개떡같이 찍어도 찰떡같이 붙이는' 편집 능력으로 조연출로서의 쓰임새를 인정받았기 때문에, 대부분의 시간을 회사 편집실에서 보냈다. 재미없는 부분은 이렇게 저렇게 잘라내고 재밌는 부분은 엿가락처럼 늘리고 자막까지 더하며 갖은 재주를 부리다 보면 정말 마법처럼 시간이 훌쩍 지나 있었다. 그래서 편집실에서 밤을 지새우기 일쑤였는데, 사실 조연출들이 제때 퇴근하지 못하는 또 하나의 중요한 이유는… 편집실에 창문이 없기 때문이다. 그렇다. 편집실에는 창문이 없다. 좁은 편집실에서는 해가 뜨고 지는 것을 인지할 수 없기 때문에, 마치 카지노에서 시간 가는 줄 모르고 도박에 빠져들 듯 밤낮없이 편집에 몰두하게 된다. 그래서 단 하루라도 쉬는 날이 생기면 필사적으로 캠핑을 떠났다. 자연에 파묻혀서 해가 뜨면 일어나고 해가 지면 숙면을 취하며 잃어버린 삶의 리듬을 되찾고자 했다.

그렇게 약 5년간 틈만 나면 자연에 파묻혀 지내다 보니 계절의 변화에 좀 더 민감하게 반응하게 되었다. 특히 벚꽃이 흩날리는 나무 아래에서 캠핑을 하는 '벚꽃캠'은 캠핑족이라면 1년 내내 꿈꾸는 로망 중의 로망이다. 조연출 생활에 마침표를 찍던 2021년 3월, 일주일간 휴가를 내고 짐을 잔뜩 챙겨서 지리산 하동으로 캠핑을 떠났다. 부푼 꿈을 안고 하동으로 향했건만… 로망이었던 '벚꽃캠'은 실현되지 못했다. 예상과 달리 벚꽃이 너무 빨리 개화해서 3월 중순이었음에도 대부분의 벚꽃 잎이 떨어져 버렸기 때문이다. 찾아보니 지구의 기온이 상승하며 벚꽃의 개화 시기도 매해 빨라지

고 있었다. 지리산에서 '벚꽃 없는 벚꽃캠'을 맞이하며 기후변화를
제대로 체감했다.

텅 빈 벚나무를 바라보며 아쉬워하던 그때, 캠핑장 옆 사이트
에 머리가 희끗한 노부부가 자전거를 타고 들어오셨다. 그들은 간
소하게 챙겨온 짐을 풀어 경량 텐트를 치고 저녁으로 라면을 끓여
드셨다. 그리고 다음 날 아침, 언제 그곳에 머물렀냐는 듯 깨끗하
게 흔적없이 떠났다. 그 순간 가득 차 있던 나의 쓰레기 봉투가 부
끄러워졌다. 그리고 결심했다. 일단 지금 할 수 있는 것부터 시작해
보자고.

탄소 제로 프로젝트 〈오늘부터 무해하게〉

지리산에서 깨달음(?)을 얻고 회사로 돌아와 흔적을 남기지 않는
캠핑에 도전하는 〈오늘부터 무해하게〉 프로그램 기획안을 썼다.
당시 코로나19가 유행하며 사회적 거리두기로 인해 캠핑 붐이 일
던 시점이라 캠핑에 기후 위기 이야기를 더해서 타예능과 차별화
를 하고자 했다.

기획안이 프로그램으로 제작되기 위해선 편성과 제작비가 필
요하고, 그건 곧 누군가의 투자를 이끌어내야 한다는 것을 의미했
다. KBS 자체 제작비를 따내는 일 또한 KBS 내의 수많은 의사결정
자들이 기획안을 승인해야 가능한 일이었다. 그러나 대중적인 관

점에서 '환경'은 분명 잘 팔릴 이야기가 아니었다. 특히나 이제 막 데뷔하는 신인 피디의 말에는 아무런 힘이 실리지 않았으므로 투자는 물론 채널의 편성을 받는 것도 쉽지 않았다. 이 이야기가 잘 팔릴 거라는, 즉 프로그램의 흥행을 보장할 수 있는 확실한 카드가 필요했다. 그래서 신인 감독만이 가질 수 있는 패기와 열정으로 환경에 진심인 대한민국의 톱배우 공효진 님의 소속사에 전화를 걸었다.

연예인 섭외 연락을 돌리다 보면 "사양합니다"라며 3초 만에 까이기도 하고 "일단 기획안 보내주세요"라는 말에 실낱같은 희망에 부풀었다가 돌아오지 않는 응답에 좌절하기를 수없이 반복한다. 해당 소속사에서 기획안을 검토해 보겠다는 말에도 마음을 비우고 있었다. 하지만 웬걸. 약 3주 간의 검토 후에 "공효진 배우님이 한 번 만나고 싶어하신다"고 연락이 왔다. "초심자의 행운인가!"를 외치며 한달음에 공 배우님을 만나러 달려 갔고 그렇게 일사천리로 프로그램 제작까지 땅땅! 되는 줄 알았으나….

그 후로 그녀가 출연을 완전히 확정 짓기까지는 반년이 더 걸렸다. 그 긴 시간 동안 우리가 머리를 싸매고 가장 고민했던 건 '재미없는 환경 이야기를 어떻게 하면 많은 사람들이 볼 수 있도록 재밌게(몰입감 있게) 만들 것인가'였다. 일단 환경=캠페인=노잼이라는 선입견을 깨려면, 환경을 지키는 것이 유난 떠는 일이 아니라 멋

지고 쿨한 일로 느껴지게 만들 필요가 있었다. 그래야 따라하고 싶어지고 유행이 될 테니까. 그리고 공효진 배우님은 그러기에 더없이 좋은, 사람들의 워너비 스타였다.

기획안은 수정에 보완을 더해 '탄소 제로 프로젝트'가 되었고 충남 죽도에서 공효진, 이천희, 전혜진 배우가 일주일간 탄소 배출을 최소화하며 캠핑하는 모습을 담기로 했다. 샤워를 하며 물을 사용하면 배출한 탄소만큼 돈(GRU)으로 환산되어 차감되고, 폐자재 등을 활용해 업사이클링을 하면 돈(GRU)을 벌게 되는 시스템이었다. 인간이 먹고, 입고, 자는 모든 것이 탄소를 배출하며 이뤄지기에 생활 전반에 걸쳐 제한이 생겼다. 그 제한 속에서 발생하는 갈등 상황을 예능적인 재미로 풀어내고 싶었다.

각각의 물건이나 서비스가 만들어지기까지의 탄소 배출량을 환산해서 가격(GRU)을 매겼다. 때문에 캠핑장 앞에 마트가 있었지만 출연자들은 소고기는 물론 우유나 치즈 등의 유제품류는 쳐다도 볼 수 없었다(소고기와 유제품류는 채소나 과일 등에 비해 생산 시 탄소 배출량이 높다). 때문에 한밤중에 고구마 밭에서 고구마를 직접 캐서 먹는가 하면, 전혜진 배우는 무려 5분 만에 샤워를 완료하는 기염을 토했다(샤워할 때도 온수/냉수에 따라, 물을 몇 분간 사용하느냐에 따라 GRU를 차감했다).

모든 생활이 탄소 배출을 줄이는 방향으로 이뤄졌고 그건 출연자뿐 아니라 스태프 또한 마찬가지였다. '탄소 제로 프로젝트'를 지향하는 만큼 일회용품 사용을 자제하기 위해 촬영장에 정수기를 놓고 텀블러로 물을 직접 받아먹었는데, 복병은 날씨였다. 선선한 날씨를 기대하고 추석에 촬영했건만 웬걸. 낮에는 30도가 훌쩍 넘었고 특히 카메라 스태프들이 서 있던 곳은 나무 그늘 하나 없는 뙤약볕 아래였다. 텀블러에 물을 받아놓으면 시원한 물도 금세 뜨뜻한 온수가 되어버렸기에 간간이 아이스크림을 간식으로 드리며 뜨겁고 힘겹게 촬영을 완료했다.

모두의 진심과 노력을 담은 〈오늘부터 무해하게〉는 KBS2에서 10회에 걸쳐 방영되었고 '환경 예능의 새로운 지평을 열었다'는 호평을 받았다. 대한민국의 탑배우가 출연한만큼 협찬도 많이 붙고 광고도 넉넉히 팔았지만 시청률은 많이 아쉬웠다. 동시간대 프로그램들이 워낙 강력하기도 했지만 이 방송 자체가 많은 이에게 가닿지 못한 느낌이었다. 많은 사람들이 기후 변화에 관심을 가지는 계기가 될 수 있도록 '환경 개론서' 같은 프로그램을 만들고 싶었는데, '환경 ㄱ'에서 끝난 느낌이었다. 프로그램을 담당한 연출로서 이 프로그램에 참여한 이들의 노력과 진정성을 좀 더 많은 이들이 알아봐 주었으면 하는 아쉬움이 컸다.

그래서 프로그램을 업사이클링하기로 마음먹었다.

예능은 대부분 주 1회 방송인데, 한 회의 방송을 만들기 위해서 피디들은 일주일 내내 시간과 노동력을 고스란히 쏟아붓는다. 내가 촬영하고 편집한 방송분이 나가고 대중의 반응이 오면 뿌듯하기 그지없지만, 그 또한 금방 잊힌다. 예능은 트렌드에 민감하기도 하고 요즘엔 티브이뿐 아니라 유튜브, OTT로도 수많은 콘텐츠가 쏟아지기 때문에 더욱 쉽게 휘발된다. 그래서 아쉬웠다. 〈오늘부터 무해하게〉가 KBS 채널에서 한 번 보여지고 사라지는 게 아니라 다른 채널로도 찾아볼 수 있고 사람들의 마음속에 좀 더 오래 남는 콘텐츠가 되었으면 하는 마음이 있었다.

부가 사업으로, 10부작 〈오늘부터 무해하게〉를 한 편의 다큐 영화로 만드는 작업에 착수했다. 주요한 에피소드를 큰 줄기로, 80TB가 넘는 원본 영상을 다시 하나하나 들여다보며 재편집하고 배우들의 코멘터리를 추가했다. 방송에서는 촉박한 제작 시간 때문에 제대로 구현하지 못했던 후반 작업 - 색보정, 음악, 음향 효과 등에도 더 공을 들였다. 추가 제작 비용은 〈오늘부터 무해하게〉 협찬주를 설득해 유치했다. 그렇게 일주일간의 예능 촬영본을 업사이클링한 70분짜리 다큐 영화 〈보통의 용기〉가 탄생했다. 독립영화관과 대형 상업 영화관에 배급, 상영되었고 KBS 외 다른 채널과 OTT에도 영상이 판매되었다.

〈보통의 용기〉를 영화관에서 상영하며 무대 인사를 통해 관객분들과 대화하는 시간이 있었는데 작품 안에서 부족한 부분들의 정곡을 찌르는 분도 더러 계셨다. GRU로 차감되는 탄소세와 같은 시스템 때문에 자연 속에서 쉬어가고 자연을 아끼고자 하는 배우들의 마음이 가려진다는 지적이었다. 영화화까지 하고 직접적인 반응을 들으니 내가 놓친 부분이 더 명확하게 보였다. '기후 위기를 이해시키고 설명해야 한다는 강박에 정작 사람들이 기후 위기를 마음으로 느낄 수 있는 시간을 만들지 못했구나'라는 생각이 가장 컸다. 다음에 다시 만들 수 있는 기회가 주어진다면 기후 위기를 머리가 아닌 마음으로 느낄 수 있는 프로그램을 만들어야겠다고 생각했다. 그리고 그해, 운명처럼 기회가 찾아왔다.

지구가 정말 심각해? 〈지구 위 블랙박스〉

〈보통의 용기〉작업을 마무리할 무렵, KBS에서는 공사 창립 50주년을 맞이해 새로운 방향성을 보여줄 수 있는 대기획 프로그램 기획안을 공모했다. 오랜 기간, 보통의 프로그램보다 많은 제작비를 들여 확실한 퀄리티를 보여주는 특집성 프로그램으로 〈슈퍼피쉬〉, 〈누들로드〉와 같은 걸출한 작품을 배출했다.

하지만 이번에는 우리 사회의 주요한 의제를 새로운 방식으로 접근하는 프로그램을 원했다. KBS 대기획 시리즈는 다큐멘터리 제작 부서에서 줄곧 만들어왔지만, 새로운 방식을 원한다면 예능에서도 해볼 만하다고 생각했다. 그래서 음악적인 퍼포먼스와 기후 위기를 결합한 〈지구 위 블랙박스〉 기획안을 내게 되었고 공모 1등으로 당선이 되었다. 그렇게 덜컥, 프로그램 제목답게 지구 한 바퀴를 도는 여정이 시작되었다.

〈지구 위 블랙박스〉는 점점 더 심각해지는 기후 위기에 대해 머리가 아닌, 마음을 울릴 수 있는 프로그램이 되고자 했다. 기후변화로 인해 지구는 점점 뜨거워지고 빙하는 녹고 있다. 이로 인한 재난, 재해가 해가 갈수록 심해지고 있다고 한다. 사실 이 도시의 사각형 건물 안에 있으면 이러한 위협을 느낄 겨를이 별로 없다. 특히 대한민국의 수도 서울은 24시간 불빛이 환하게 켜져 있고, 건물 안에만 있으면 모든 게 편리하고 안전하다. 더우면 에어컨을 켜고 추우면 난방을 틀면 되니까. 그래서 우리가 기후 위기의 심각성을 알 수 있는 방법은 특정 숫자나 해외의 심각한 재난, 재해 사진밖에 없다. 우리의 생존을 위협하는 기후 위기에 대한 사람들의 마음의 거리는 멀 수밖에 없었다.

나 역시 '기후 위기 때문에 빙하가 녹고 있다는데, 지구가 망가지고 있다고 하는데, 정말 그런가? 진짠가?' 싶은 마음이 들었다. 기후 위기라는 게 우리가 사는 지구에서 일어나는 일인데 나와 상관없는 너무 먼 이야기처럼 느껴졌다. 그래서 내 눈으로 기후 위기라는 게 진짜 있는지, 얼마나 심각한지 직접 봐야겠다는 생각이 들었다. 그게 진짜라면 나와 같은 사람들도 영상을 통해 기후 위기를 잘 체감할 수 있도록 더 와 닿게 보여드려야겠다는 목표를 세웠다.

그런 마음으로 음악과 기후 위기를 결합한 〈지구 위 블랙박스〉를 기획했다. 사람들의 마음을 움직이는 데에 음악만큼 강력한 무기는 없으니 기후 위기로 변해가는 지구 곳곳을 음악적인 퍼포먼스로 풀어보자는 생각이었다. 최정훈, YB, 김윤아 등 레전드 아티스트부터 르세라핌, 세븐틴 호시와 같은 아이돌, 댄서 모니카, 립제이와 클래식 연주자 정재형, 대니 구까지 국내에서 내로라하는 정상급 아티스트를 섭외해 지구를 돌아다니게 되었다.

500일의 대장정 시작, 스페인

첫 촬영지는 '고스트 빌리지'라 불리는 스페인 북부의 마을이었다. '고스트 빌리지'는 과거 저수지 개발로 강제로 수몰된 마을인데, 최근에 폭염과 가뭄이 심해지면서 강물의 수위가 낮아져 다시 그 모습을 드러낸 곳이었다. 예전 집터와 자동차, 맥주병 등이 그대로 다시 수면 위로 올라와 '고스트 빌리지'라 불리게 되었다. 그곳을 배경으로 레전드 아티스트 김윤아가 '고잉 홈'이라는 노래로 그 공간을 위로하고 기후 위기의 비극성을 강조해야겠다는 생각으로 향하게 되었다.

그런데 웬걸. 몇 년 동안 저수지의 바닥이 보였던 그곳에, 우리가 도착하자마자 폭우가 내리 쏟아지더니 다시 수면 아래로 잠겨버렸다. 오직 그 장소만 보고 갔는데…. 영화로 치자면 몇천만 원짜리 세트가 물 아래 잠겨버린 것이다. 기후변화로 인해 사막에 우박이 떨어지기도 하고, 서울에도 80년 만의 폭우가 쏟아지는 등 워낙 예측할 수 없는 이상 기후 현상이 빈번하게 발생하니 날씨는 촬영 중 충분히 발생할 수 있는 변수였다.

아티스트가 도착하기 전까지 일주일 정도 시간이 있었기에, 우리는 기후변화의 단면을 보여줄 수 있는 장소를 찾아 미친듯이 돌아다녔다. 스페인에서 국경을 너머 포르투갈까지 말 그대로 '맨땅에 헤딩'하는 심경으로 전역을 돌아다녔다. 퍼포먼스의 배경으로 활용되는 장소였기 때문에 기후변화를 느낄 수 있는 황폐함과 동시에 역설적으로 아름다운 장소가 필요했다.

물에 잠겼다가 가뭄으로 인해 다시 모습을 드러낸 중세 시대의 요새 '카스트로 칸타즈'를 찾았을 때는, 차를 타고 5,000km를 달려온 후였다. 그 5,000km를 지나오며 목격한 스페인의 모습은 말 그대로 황폐했다. 길가에 심은 올리브나무는 너무 말랐고, 양과 사슴들은 대부분 말라 비틀어진 풀을 뜯고 있었다. 특히 사모라라는 지역은 건조하고 더워진 기후 탓에 자연 발화적으로 산불이 발생해 반경 20km가 전부 불에 탔다. 유럽의 폭염이 50도에 육박하면

서 나무는 점점 더 바싹말라 한 번 산불이 나면 무섭게 번져 잡기가 점점 더 어려워지고 있다고 했다. 들판에서 발생한 산불은 금세 산 등성이까지 옮겨 붙었고, 결국 도시 하나를 통째로 태울 만큼 강력한 화마가 되었다. 화마가 휩쓸고 간 그곳은, 숲인데도 불구하고 바람 소리 외엔 아무런 생명의 소리도 들리지 않았다. 숲은 죽었고, 강은 메말랐다. 그 모습을 마주하던 모니카와 립제이의 표정이 지금도 선명하다. 망연자실. "이게 진짜 가뭄이구나"라며 "수학 여행으로 어디 놀러갈 게 아니라 이런 곳에 와서 현실을 마주해야 한다"고 했다.

사모라 숲 한가운데에서 김윤아, 모니카, 립제이의 합동 퍼포먼스를 찍기 위해 10여 명의 스태프들이 직접 낫과 갈고리로 땅을 고르고, 다졌다. 돌부리가 꽤 많아 반나절 정도 시간이 소요되었는데, 작업을 마치고 나니 모두의 신발과 옷에 흙과 그을음이 잔뜩 묻었다. 대충 흙을 털고 30분 정도 차를 타고 이동해 쇼핑몰 안에서 늦은 저녁 식사를 했는데, 그때는 우리만 이방인이 된 것 같았다. 마침 그날이 핼러윈 데이라 많은 이들이 코스튬 플레이를 하고 나와 친구, 가족과 즐겁게 식사를 하고 있었는데 모두가 한없이 평화로웠다. 불과 30분 거리 코앞에 기후 위기로 인한 재난 피해가 가득한데 이 건물 안에서는 모든 게 정상적이고 평화로웠다. 이 공간 안에서 작업복 차림으로 돌아다니는 건 우리밖에 없는 것 같았다.

그 순간 어쩐지 내 신발에 묻은 흙이 조금 부끄러웠다. 그리고 '이 평화로움 속에서 기후 위기를 이야기한다는 게 얼마나 먼 이야기처럼 들릴까'를 스스로 반문했다. 그래서 퍼포먼스를 더 잘 찍어야겠다고 생각했다. 우리 코앞에 닥친 이 현실이 사람들의 마음에 충분히 닿을 수 있도록.

남극에서 동해까지

〈지구 위 블랙박스〉를 촬영하며 가장 멀리 간 곳은 남극이었다. 지구상에서 인간의 발길이 가장 닿지 않은 태초의 땅임에도 뉴스에서는 늘 빙하가 무너지는 장면만 나와서 그게 진짜인지, 얼마나 심각한 건지 알고 싶었다. 하지만 순수한 호기심으로 시작된 것과 다르게 남극으로 향하는 길은 고난의 연속이었다. 대한민국 남극 기지의 모든 것을 총괄하는 극지 연구소에 처음 제안서를 넣었을 때에는 촬영 자체에 대해 부정적인 입장이었다. 일단 무너져내리는 빙붕을 배경으로 퍼포먼스를 촬영하고자 했기에 안전에 대한 우려가 있었다. 또한 보통 피디, 촬영감독이 크루가 되어 2~3명 정도의 규모로 촬영하는 다큐멘터리와 달리 우리는 퍼포먼스를 진행할 출연자, 출연자를 케어할 매니저, 촬영감독, 라이브 퍼포먼스를 구현하기 위한 음향감독, 구성을 짜고 연출할 피디와 작가까지 최소 10명의 인원이 극한의 환경에서 생활해야 했다. 남극에서 음악 공

연을 한다는 것 자체가 황당한 아이디어이긴 했지만 프로그램의 취지에 공감한 극지 연구소에서는 이를 해내기 위한 방법과 절차를 함께 고민해 주셨다. 그렇게 약 반년간 안전한 촬영을 위한 대비책을 마련하고 부산에서 2박 3일간 극지 생존 훈련을 받은 끝에, 잔나비 최정훈을 포함한 10명의 우리 대원들(?)은 남극으로 향할 수 있었다.

인천국제공항을 출발해 4일 동안 비행하고, 칠레의 땅끝 마을 푼타 아레나스에 도착해 5일 간의 대기 끝에 겨우 전세기를 타 9일 만에 남극 땅을 밟았다. 최종 목적지인 세종과학기지로 가기 위해서 마지막으로 고무 보트를 타야 했는데, 당시 바람이 10m/s 정도로 세게 불어서 배가 엄청나게 흔들렸다. 잔나비 최정훈은 '아… 너무 멀리왔구나. 이대로 인사도 못 하고 죽는 건가?' 싶었다고 한다. 모두 비슷한 생각을 하며(?) 나 역시 뱃멀미에 고개를 못 들 지경이었는데, 고난과 풍파를 이겨내고 남극 세종과학기지에 도착했을 때의 충격이란….

그곳은 내가 상상했던 남극이 아니었다. 새하얀 얼음 왕국을 예상하고 갔지만 눈앞에 보이는 건 진흙과 돌뿐이었다. 남극 세종과학기지의 연평균 기온은 꾸준히 상승해 영상에 가까워졌고 눈에 덮여 있는 날보다 눈이 없는 날이 더 많아졌다고 한다. 때문에 펭귄은 대부분 진흙 위에 있었고 폭포수처럼 쏟아지는 계곡물에서

목을 축이고 있었다. 그 모습을 지켜보던 최정훈의 표정은 너무나 슬펐다. 진짜 지구의 민낯을 마주한 참담함, 그리고 우리가 어떤 것도 해결할 수 없다는 무력함이 온몸으로 전해졌다.

그 표정은 대한민국 동해에서도 마주할 수 있었다. 기후변화로 인해 극지의 빙하가 녹으며 동해의 해수면이 점차 상승하고 있고, 너울성 파도가 점차 심해져 해마다 축구장 18개 크기의 동해안 모래 사장이 사라지고 있다고 한다. 그래서 해안이 절벽처럼 깎여 있고 그 모래 위에 지었던 도로와 집도 처참하게 무너져 있었는데, 실제로 남극보다 동해의 모습이 더 충격적이었다. 내가 기억하던 동해의 모습은 온데간데없었다. 더 심각한 부분들이 보였다.

YB의 윤도현도 오래 전부터 환경문제에 관심을 갖고 활동을 해왔지만 직접 자전거를 타고 동해의 실상을 들여다보며 변해버린 모습에 마음 아파했다. 기후 위기가 진짜 우리에게 닥친 현실이며, 실존을 위협하는 문제임을 확인하는 순간이었다. 제주 한라산에서 하얗게 질려버린 구상나무 숲을 바라보던 르세라핌의 표정에는 처음으로 겪는 두려움과 절망감이 서려 있었다.

〈지구 위 블랙박스〉를 완성한 SF 드라마

약 1년간 남극, 동해, 스페인, 제주, 태국, 서울까지 6개의 기후변화 피해 지역에서 아티스트들이 직접 눈으로 목격하고 그 감정을 쌓

151

아 음악적인 퍼포먼스로 보여주는 촬영을 진행했다. 하지만 여전히 사람들의 마음을 움직이기엔 감정의 깊이가 부족했다. 퍼포먼스는 현재의 모습을 기록한 블랙박스와 같은 영상인데 '이 영상을 언제, 어떤 상황에서 꺼내보면 감정적으로 더 와닿을까?'라는 생각이 들었다. 그래서 SF 소설가인 천선란 작가님을 섭외해 드라마적인 세계관을 구축했다(천 작가님이 드라마적 설정을 제안해 주셨다).

〈2049년, 기후변화로 인해 거주 불능해진 지구에 유일하게 남아 있는 블랙박스 데이터센터에서 각자의 사연을 가진 기록자가 2023년의 영상을 꺼내본다〉는 설정이었다. 이미 망해버린 세상에서 그나마 희망이 있었던 시절의 모습을 돌아본다면 감정적인 깊이가 깊어질 거라 생각했다. 그렇게 2023년 무더운 여름, 작품의 취지에 공감하는 드라마, 영화계의 스태프들이 모여 적은 예산에 최대치의 창의력을 발휘해 함께해 주셨다. 최종적으로 음악×다큐멘터리×드라마가 결합된 전무후무한 작품이 그렇게 탄생했다.

우리에겐 상상력이 필요하다

이 방송은 대중의 관심을 사는 데 성공했을까?

〈지구 위 블랙박스〉가 방영된 후 가장 화제가 됐던 건 K-POP 스타 세븐틴 호시의 서울 퍼포먼스였다. 서울의 심장 광화문에서 수많은 불빛과 함께 화려한 퍼포먼스로 시작, 서울의 불빛이 하나씩 꺼지며 암흑으로 끝나는 퍼포먼스였다. 워낙 팬덤이 많은 스타이다 보니 내 아티스트를 응원하기 위해 티브이를 틀었다가 기후 위기의 실체를 마주한 사람들이 많았다.

한편으로는 이런 반응도 있었다. 기후 위기를 이야기하면서 저렇게 많은 에너지를 쓰고 탄소 배출을 해야만 했냐, 차라리 가만히 있는 게 지구를 위하는 거라는….

대부분의 통계에서 서울의 1인당 탄소 배출량은 전 세계 10위 안에 든다. 24시간 불빛이 환하게 켜져 있고 새벽 배송이 가능하고 어디서든 야식 배달이 가능하려면 그만큼의 에너지가 필요하다. 그 에너지는 기후 위기의 주범인 탄소를 배출하면서 만들어진다. 서울에서의 불빛 찬란한 퍼포먼스는 과장이 아니라 지금의 현실을 그대로 반영한 것이었다. 지금 우리는 이미 그렇게 살고 있으니까.

내가 굳이 이렇게까지 판을 벌려서 프로그램을 제작한 이유는, 이렇게까지 하지 않으면 아무도 이 문제에 관심 갖지 않을 것임을 체득했기 때문이다. '내가 이런다고 뭐가 달라지겠어?'가 만연한, 기후 위기로 인한 무기력함을 넘어 우울증까지 앓는 시대에, 이 문제를 해결하기 위해선 캠페인이 아닌 새로운 상상력이 필요했다. 그러니까 기후 위기가 재밌게 느껴지지 않으면 사람들의 실천을 유도하기는커녕 관심을 얻기도 쉽지 않을 것이라는 생각이었다.

결론적으로 〈지구 위 블랙박스〉는 돈이 되진 않았다. 기후 위기에 머리가 아닌 마음으로 다가가고자 노력했음에도, 여전히 기후 위기 자체를 믿지 않는 사람이 더 많았기 때문이다. 존재하지 않는 상품에 돈을 지불할 사람은 없으니까.

하지만 감히 예상컨대, 이 이야기는 앞으로 더 잘 팔리게 될 것이다. 기후 위기가 더 이상 먼 나라 이야기가 아닌 나의 이야기가 되어가는 중이기 때문이다. 해수면이 상승해 지구상의 어떤 나라는 수도를 이전하는가 하면 그 반대편에서는 점점 더 심해지는 폭염과 산불로 강이 메마르는 복합 재해가 발생하고 있다. 해가 갈수록 기후변화로 인한 재난, 재해는 점점 더 자주, 강력하게 발생하고 있다.

최첨단 도시 한복판, 대한민국의 수도 서울에서 2년 전 80년 만의 폭우로 사람이 죽었다. 우리를 안전하게 지켜주었던 이 사각형의 건물도, 시간당 100mm가 넘는 폭우 앞에서는 속수 무책이었다. 많은 도시가 점차 물에 잠기고 있고, 또 다른 도시는 빠른 속도로 메말라 가고 있다. 과연 우리는 영원히 안전할 수 있을까?

사람들이 기후에 대한 위기감을 느끼면 느낄수록 이 이야기는 더 잘 팔리게 될 것이다. 그러나 나는 이 이야기가 너무 흥행하지 않기를 바란다. 이 이야기가 흥행한다는 건, 그만큼 우리가 더 불행한 상태에 도달했다는 걸 의미할 테니까.

부디 골든 타임을 놓치기 전에, 더 많은 대중의 마음을 울리는 기후 위기 프로그램이 탄생하길 그리고 오래도록 회자하길 바란다. 어려운 이야기임에도 용기를 내어 뚜벅뚜벅 자기의 길을 걸어가는 모든 미디어 동료들을 진심으로 응원하며, 그들이 언젠가 더 빛을 보길 바란다. 나도 기회가 닿는 한 다양한 상상력을 동원해 꾸준히 기후 위기를 계속 이야기할 것이니 말이다.

자연 속 무시된
존재와 연결되다

EBS 손승우 피디

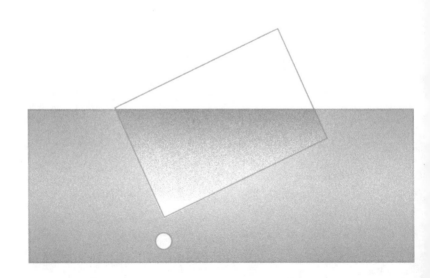

"평소 주변에서 보던 나무들이
처음으로 불쌍하다는 생각이 들었다.
내가 변하든가 주변이 변해야
비로소 깨달을 수 있는 것들.

내가 있는 곳이 정상적이지 않다는 감각은
내가 있던 곳을 벗어났을 때 생긴다."

점지해 주길 바랐던 때가 있었다. 신의 계시까지는 아니어도 누군가가 앞으로 내가 해야 할 일을 알려줬으면 했다. 모두가 태어난 이유를 모르는데 모두가 무언가는 해야 하니까. 하지만 당연하게도 점지 따윈 없었다. 그래서 생각해낸 방법은 하루 중 가장 많은 시간을 보내는 것이 무엇인가를 측정하는 것이었다. 자기 전에 오늘 하루의 동선을 따라가 본다. 가장 많은 시간을 보낸 장소와 활동이 무엇이었는지. 그게 티브이 앞이었고, 그중에서도 시사교양 프로그램 시청이었다. 하지만 방송사 시험에 수없이 떨어졌다. 다른 지원자들에게 없는, 무언가가 필요했다. 피디 지원자들은 드라마, 예능, 시사교양 중 보통 한 가지를 정한다. 하지만 시사교양을 하고 싶다고 말하는 것보다 구체적인 테마를 말하는 게 경쟁력이 있어 보였다. 시사교양 프로그램 중에서도 나에게 가장 흥미로웠던 것은 환경·자연 다큐멘터리였다. 세상의 끝에서 예리한 감수성으로 위기를 말하는. 환경문제에서 실천이 중요하듯 구직활동도 마찬가지다.

그래서 인턴 프로그램이 있는 환경단체를 찾아갔다. '청년 인턴'이라는 제도가 있었는데 환경단체를 이끌어가는 '활동가'의 업무를 보조하는 역할이었다. 돌이켜보면 했던 것보다 하지 않은 것을 후회한다는 말은 옳은 말이었다. 약 10개월 뒤 인턴 기간을 마치고 나왔을 때, 그 시간을 후회하지 않을 한 가지 관점을 얻을 수 있었다.

그곳에서 했던 일 중 하나는 '월악산 국립공원 등산로 훼손 실태 조사'였다. 등산객이 많아지면 등산로는 변한다. 등산객들이 처음에 생긴 등산로가 좁다고 느끼게 되면 그 옆으로 다니게 된다. 그렇게 또 다른 등산로가 생기고, 먼저 생긴 등산로와 나중에 생긴 등산로 사이에도 사람들이 다니게 되면 두 등산로는 결국 합쳐진다. 더 넓어진 등산로는 더 깊게 팬다. 확장된 등산로엔 토사가 깎이는 것을 막는 식물이 자랄 수 없고 훼손은 갈수록 심해진다. 집중 호우 시 넓어진 등산로는 물길이 되어 2011년의 우면산처럼 산사태 원인이 되기도 한다. 훼손 실태 조사는 철저하게 수작업이다. 100m 간격으로 등산로의 깊이와 폭을 플라스틱 자로 잰다. 삼보일배 정도는 아니지만 경사가 있는 국립공원 등산로에서 '가다 서다'를 반복하며 깊이를 잰다. 힘들고 지루하다. 하루에 할 수 있는 조사 거리도 얼마 되지 않았다. 몇 개월 동안 계속해야 주主 등산로 하나를 마무리할 수 있다. 하지만 누구도 부정할 수 없는 데이터가 한 땀 한 땀 쌓이고 있었다. 산이 얼마나 많은 등산객을 품을 수 있는지, 월악산에 최소 몇 년의 휴식년이 필요한지 말해줄 수 있는 근거였다. '통제', '제한', '금지'를 위한 구체적 데이터였다. 네거티브 정책 수립을 위한 활동이었다.

네거티브 방식은 우리에게 익숙하다. '이대로 가다간', '결국엔', '돌이킬 수 없는' 등의 경고와 위험의 전파. 뭐라도 하지 않으면 안될 것 같은 위기의식과 긴장감. 상황이 심각할수록 더 즉각적인 반응을 이끌어낸다. 그러나 덜 자극적이면 집중도는 떨어진다. 도파민 중독과 비슷하다. 더 큰 자극이 없다면 지속되지 않는다. 다른 방법은 진짜 없는 건가.

내가 있던 곳을 벗어나면

환경단체에서 '백두대간 순례'를 했다. 우리나라의 핵심 자연보호 구역인 강원도 백두대간 일대 300km를 10일 동안 걸었다. 하루 8시간 동안 30km를 걷는 셈이다. 순례 초반에는 매일 물집이 생겼다. 밤마다 물집을 바늘로 뚫어 실을 관통시켜 놓고 잠을 청했다.

물집을 아예 뜯어내면 속살이 드러나 다음 날 걸을 때 심하게 쓰라리다. 게다가 이 통증은 새살이 돋아나올 때까지 계속되기 때문에 물집을 뜯어내는 건 금지다. 대신 실을 관통해 놓으면 고여 있던 고름이 실을 타고 밖으로 나온다. 자고 일어나면 부기가 가라앉아 계속 걸을 수 있다.

순례 중반 정도가 지나자 신기하게, 걸으려고 하지 않아도 발과 다리가 스스로 움직였다. 내 다리에 올라타고 여행하는 느낌이랄까. 물집은 든든한 굳은살이 되었다. 몸이 적응하면서 풍경이 보이기 시작했다. 시멘트 원료인 석회석 채취로 산의 맨살이 드러나고 산 정상이 아예 날아가 버린 살풍경도 있지만, 그동안 볼 수 없었던 색깔이 보였다. 그동안 맡은 적 없는 냄새를 맡았고 그동안 들은 적 없는 소리를 들었다. 허가를 받고 들어간 국립공원 핵심보호구역의 나무들은 전설 같았다. 굴참나무, 피나무, 사스레나무 등 수백 년 된, 수많은 나무들이 아무렇게나 어우러져 있는 모습은 비현실적이어서 이상했고 강렬했다. 마을의 수호신으로 모셔지는 당산목이나 영험함이 있는 서낭당의 나무들이 한데 다 같이 모여 있는 모습.

강원도에서 서울로 돌아온 뒤 마주한 도시의 가로수, 울타리에 둘러싸여 있는 보호수, 평소 주변에서 보던 나무들이 처음으로 불쌍하다는 생각이 들었다. 시간이 지나야 알 수 있는 것들이 있다.

내가 변하든가 주변이 변해야 비로소 깨달을 수 있는 것들. 내가 있는 곳이 정상적이지 않다는 감각은 내가 있던 곳을 벗어났을 때 생긴다. 원시림에 가보면 우리가 사는 곳이 이상하다는 것을 바로 알아챌 수 있다.

'경고', '위기', '멸종' 등 네거티브의 힘은 강하다. 즉각적인 반응과 변화를 이끈다. 하지만 즉각적일수록 피로감은 쉽게 온다. 빨리 무뎌지거나 오히려 외면당한다. 이미 수십 년 전부터 우리는 '인간과 지구의 공멸'을 말하고 있다. 우리의 환경과 자연이, 하나뿐인 지구가 얼마나 위기인지 수없이 들었다. 그런데 와닿지 않는다. 부정적인 말들의 연속에 결국 둔감해진다. 더디지만 지속적인 방법은 없을까. 이상 가뭄으로 말라 비틀어 죽어가는 나무를 보여주는 것보다 어딘가에 남아 있는, 때 묻지 않은 천연림을 보여주는 것이 더 나은 방법 아닐까. 환경의 위기를 말하는 것보다 놓치고 있던 자연의 경이를 보여주는 것이 더 낫지 않을까. 보러가기 힘든 곳에 사는 북극곰보다 양재천의 왜가리와 백로를 보여주는 것이 낫지 않을까.

인류세, 멸종이 아닌 생존으로

인류세. 지구의 역사에서 인류가 지구 환경에 큰 영향을 준 시기를 구분한 지질 시대의 이름이다. 대체로 인류의 화석연료 사용이 급

증한 1800년대 산업혁명이나 제2차 세계대전이 끝난 1950년 즈음을 시작으로 본다. 과학계가 공식적으로 인정한 명칭은 아니다. 하지만 인류가 지구에 얼마나 큰 영향을 미쳤는가를 역설하는 표현이 아닐까.

이 인류세의 극적인 예 중 하나가 멸종이다. 인류는 이미 수많은 종을 지구에서 완전히 없앴다. 게다가 현재진행형이다. 지구상에 있는 어떤 종도 인간만큼 다른 종을 사라지게 만들진 않았다. 반성과 함께 책임을 지려는 노력도 있다. 종 복원도 하고 서식지 복구도 한다. 하지만 카메라는 '부재不在'를 보여줄 수 없다. 없는 것이 아니라 있는 것을 보여주어야 한다. 사라져 버린 것들에 대한 후회와 추억보다 살아남기 위해 하루하루를 견디는 생명을 보여주면 어떨까.

"모두 자기 밥그릇은 가지고 태어난다" 한국에 사는 조류 20종의 사냥 방식을 다룬 자연 다큐멘터리 〈사냥의 기술〉 로그라인log line이다. 모든 생물은 외부로부터 에너지를 얻는다. 그 원천이 무한정 공급되는 태양일 수도 있지만 대부분은 다른 생물이다. 죽여야 살아남는다. 하지만 모두가 죽지 않으려 한다. 그래서 사냥은 진화의 역사와 개체의 모든 에너지가 폭발하는 순간이다.

물총새는 물가 근처의 갈대나 나뭇가지에 앉아 있다가 물속으로 다이빙해 물고기를 잡는다. 그러려면 아주 잠깐이라도 물고기보다 빨라야 한다. 그래서 이름에 '총알'이 들어간다. 부리부터 물속에 들어가는 사냥 방식이라 부리도 크고 머리도 크다. 대신 꼬리로 갈수록 좁아지는 몸매다. 특히 발은 같은 크기의 조류와 비교해서 작고 약하다. 발로 물고기를 사냥하는 조류의 경우는 반대다. 크고 튼튼하며 발톱도 길고 날카롭다. 물수리가 대표적이다. 물수리는 어른 팔뚝보다 굵고 긴 숭어도 거뜬히 사냥한다. 그래서 물총새는 10m 이내의 높이에서 다이빙을 하지만 물수리는 100m 높이에서 다이빙을 한다. 물수리의 발톱은 '홀치기' 낚싯대의 낚시 바늘처럼 생겼다. 그래서 큰 물고기 한 마리를 잡을 때도 있지만 여러 마리를 한꺼번에 낚아채기도 한다. 이들의 몸은 연장이다. 몸을 자세히 보는 것만으로도 이 사냥꾼이 어떤 크기의 먹이를 먹는지, 어떤 사냥 방법을 쓰는지 알 수 있다. 몸 자체가 사냥을 위해 만들어졌다. 생존에 솔직한 몸이다.

하지만 대부분의 포식자들이 그렇듯 사냥 성공률은 그리 높지 않다. 피식자들 때문이다. 가만히 자기 목숨을 내어줄 생명은 없다. 물고기의 등 색깔은 진하다. 등의 색깔과 물 바닥 색깔을 비슷하게 해서 물밖에 있는 포식자의 눈에 잘 띄지 않게 하기 위해서다. 물고기의 배 색깔이 연한 것은 물고기보다 아래에 있는 포식자가 하늘 색깔과 배를 구분하기 어렵게 만들기 위함이다.

게다가 물고기는 빠르다. 조금이라도 물살의 변화를 감지했을 때 몸을 'C'자 형태로 구부리며 피하는 회피기동C-Start의 속도는 0.005초다. 그래서 물 밖에서 물고기를 사냥하는 왜가리나 백로의 사냥법은 '기다림'이다. 물고기가 포식자의 존재를 모를 때까지 기다린다. 마치 원래부터 있던 나뭇가지나 바위처럼. 이런 포식자를 피해 크기가 작은 물고기는 먹이 활동을 할 때를 제외하고는 물가 수풀 속에 몸을 숨긴다. 그늘을 좋아하는 습성. 검은댕기해오라기는 날개를 천막처럼 펴서 그늘을 만든다. 자신의 몸으로 물고기를 유인하는 덫을 만들어 사냥하는 셈이다.

하지만 크기가 큰 물고기는 깊은 물속에 있다. 펭귄만큼은 아니지만 한국에도 깊은 물속으로 잠수해서 물고기를 잡는 새가 있다. 가마우지다. 가마우지는 3~4m는 거뜬히 잠수해서 사냥한다. 깊게 잠수할 수 있다는 것은 몸이 물에 젖는다는 뜻이다. 젖지 않으면 부력 때문에 깊게 잠수할 수 없다. 그래서 가마우지는 깃털의 방수를 포기했다. 대신 더 깊이 들어갈 수 있고 더 빠르게 먹잇감을 쫓아다닐 수 있다. 하지만 사냥이 끝나면 몸이 젖어서 한동안 날지 못하고 날개를 말려야 한다. 오랜 시간이 지나면 가마우지도 펭귄처럼 날지 못하는 새로 진화할지도 모른다. 실제로 가마우지 종들 중 일부는 날지 못한다. 물고기를 먹기 위해 물고기처럼 변한 새.

이상하게 들릴지 모르겠지만 포식자와 피식자는 쌍을 이룬다. 포식자는 가까스로 자신이 사냥할 수 있는 것만 먹는다. 피식자도 살아남으려는 의지를 가진 존재이기 때문이다. 그 어떤 포식자도 모든 피식자를 다 잡아 먹지 않을뿐더러 그럴 수도 없다. 그렇게 무서운 '멸종의 사냥 기술'을 가진 종은 지구상에 딱 한 종 아닐까.

〈사냥의 기술〉에서 소개한 새들은 극지방이나 오지에 있는 새가 아니다. 주변에서 쉽게 볼 수 있는 새들이다. 멸종은 분명 경고다. 하지만 잘 안 보이던 것이 사라지는 것보다 잘 보이던 것이 사라지는 게 더 큰 경고이다. 더 근본적인 변화가 생겼다는 뜻일 테니까. 지구에서 200여 마리만 남은 한국 표범(아무르 표범)이나 전 세계적인 관심을 받는 고래류도 있지만 우리 주변의 하천과 습지에서 '밥벌이'에 진심인 생명도 있다. 가만히 지켜볼 수 있으면, 그들과 같은 시간대에 잠깐이라도 들어갈 수 있으면, 우리는 감탄하게 된다.

관심이 생기면 연결된 더 많은 종을 알게 된다. 또한 포식자와 피식자는 한 개의 사슬이다. 물고기 크기별로 그 물고기를 잡아먹는 각각 다른 포식자가 존재한다. 물고기 한 종만 사라져도 사슬은 끊어진다. 장쾌한 물수리의 사냥을 보고 싶다면 먹이인 숭어 철을 알아야 한다. 알게 되면 숭어가 언제 성체가 되고 무엇을 먹고 자라는지를 자연히 알게 된다. 종뿐만 아니라 서식지에도 관심이 생긴다. 물총새의 사냥이 보고 싶다면 하천의 갈대숲을 찾아야 한다. 물총새가 그 정도 높이에서 물속을 관찰하다 사냥하기 때문이다.

구불구불한 자연 하천을 직선화하는 공사를 하면 갈대숲은 사라지고 돌벽만 남는다. 관심을 가지는 종이 많아질수록 섣부른 판단과 결정을 피할 수 있다.

2003년 '도롱뇽의 친구들'이라는 환경 단체가 경상남도 양산시 천성산에 사는 도롱뇽을 원고로 내세워 천성산을 관통하는 경부고속철도 공사 중지 가처분 소송을 냈다. 천성산에 터널이 생기면 천성산 정상에 있는 습지가 훼손되고, 그러면 도롱뇽을 비롯한 생태계가 파괴된다는 논리였다. 결과는 패소였다. 하지만 그것은 하나의 양서류와 산 전체의 생태를 연결시키는 시도였다. 관심을 갖고 관계를 맺는 종이 많아질수록 작은 변화와 개발에 민감해질 수밖에 없다. 그리고 관심을 넘어 어떤 생물이 우리와 비슷하거나 오히려 우리보다 낫다는 것을 보여줄 수 있다면 얘기는 또 달라질 것이다.

교감, 그들은 우리와 다르지 않다

"세상에 다리가 없는 새가 있다더군.
죽을 때까지 땅에 내려오지 않고 평생 이슬만 먹으며 늘 하늘을 날아다닌대…."

— 대항해 시대, 유럽인들의 전설

생명에게 삶의 에너지가 폭발하는 순간, 사냥 말고 또 한 가지가 있다. 그것은 짝짓기다. 짝짓기할 때 가장 빛나는 새, 아마도 극락조일 것이다. 극락조는 말 그대로 '천국의 새'라고 불릴 만큼 화려하고 독특한 새다. 오래전부터 뉴기니섬의 원주민들은 이 수컷 새의 깃털을 장식품과 예물로 썼다. 수컷을 잡는 것은 어렵지 않다. 수컷은 평생 자신만의 짝짓기 무대에서 암컷을 유혹하는 춤을 추기 때문이다. 원주민들은 이 수컷 새의 다리를 잘라서 가공했다. 원주민에게 필요한 것은 오직 머리와 몸통에 있는 화려한 깃털이었다. 대항해시대인 1521년, 스페인의 마젤란 함대는 파푸아 지역에 도착해 여기서 '다리가 없는 새'를 선물로 받았다. 이 기이한 새를 처음 본 유럽인들은 이 새는 원래 다리가 없다고 믿었다. 18세기 스웨덴의 분류학자인 '린네'는 당대의 분위기를 반영해 큰극락조의 학명을 '다리가 없는 천상의 새 Paradisaea apoda'라고 명명했다.

기록에 있는 것처럼 극락조들은 자신만의 짝짓기 무대leck를 가꾼다. 수컷의 무대는 집이 아니다. 수컷은 무대에서 잠을 자거나 휴식을 취하지 않는다. 하지만 날이 밝자마자 맨 먼저 무대에 와서 그곳을 쓸고 광낸다. 밤사이 떨어졌던 잎을 부리로 집어 던지고 바닥에 풀이라도 났으면 쪼아 뽑아낸다. 항상 낙엽과 이끼로 어수선한 숲 바닥과 달리 극락조의 무대는 깨끗하다. 청소와 관리가 어느 정도 마무리되면 수컷은 춤 연습을 한다. 춤은 여러 단계로 나누어져 있고 순서가 있다. 모든 동작을 연습하진 않는다. 핵심 동작 위주로 연습하고 만족할 만큼 연습이 끝나면 그제야 아침을 먹으러 간다. 공복에도 이토록 열심히, 성실하게 무대를 가꾸고 춤 연습을 하는 이유는 관객 때문이다. 관객은 암컷이다. 암컷은 예측 불가다. 암컷이 언제 무대에 들를지 알 수 없다. 당연히 예고도 없다.

어깨걸이극락조를 촬영할 때였다. 극락조의 주식은 과일인데, 무대에 오자마자 수컷은 과일 씨앗을 뱉었다. 열매가 달린 나무에서 과육을 먹고 씨앗을 버리고 올 법한데 일단 과육을 집어삼키고 급히 온 것이다. 자신이 없는 사이에 암컷이 올까 봐 허겁지겁 온 것이 분명했다. 어깨걸이극락조 역시 여러 단계의 춤을 춘다. 이마에 있는 은색 반사판 세우기, 가슴에 있는 푸른색 반사판 세우기, 어깻깃 들어 올리기 등. 그러나 어깨걸이극락조의 필살기는 '변신'이다. 어깻깃을 세우고 이마와 가슴의 반사판을 모두 이용해 새라고 믿어지지 않을 만큼 전혀 다른, 상상할 수 없는 존재로 변신한다. 타원형 검은색 얼굴에 파란색 입이 웃고 있는 모습이랄까. 그래서 '스마일smile' 동작이라고 표현하기도 한다.

춤 동작에 단계가 있다는 것은 유혹의 단계가 있다는 뜻이다. 처음에는 쉽고 간단한 춤을 보여주다 반응이 좋으면 더 어려운 동작을 보여주는 게 유혹의 기술이자 매너다. 그 정점에 있는 '스마일' 변신 동작은 암컷이 수컷에게 가장 가까이 왔을 때 암컷을 넘어

오게 하는 필살기다.

우리는 촬영용 위장 텐트에서 암컷이 나타나기만을 기다렸다. 수컷의 가장 빛나는 순간, 즉 변신 춤은 암컷이 왔을 때만 볼 수 있다. 밖에 있는 수컷 역시 우리처럼 암컷을 기다린다. 제작진의 처지가 수컷의 처지와 같다. 시간이 흐르고 제작진은 기다려도 오지 않는 암컷을 한 마음으로 원망한다. 원망의 시간이 길어질수록 더 원망한다. '한 번만 와주지.' 우리가 기다림에 지쳐갈 무렵 수컷이 갑자기 춤을 추기 시작했다. 살짝 밖을 내다 보니 암컷은 없었다. 연습으로 추는 춤이 아니었다. 춤의 단계가 점점 올라갔지만 멈출 줄 몰랐다. 결국 마지막 필살기, 변신 춤까지 추기 시작했다. 그리고 그 춤을 반복했다.

처음 보는 광경이었다. 암컷이 오지 않은 상태에서 혼자서 끝까지 수컷이 춤을 추는 모습은 어떤 영상에서도 보지 못했다. 대부분의 암컷은 섣불리 유혹의 필살기를 날리는 수컷을 싫어할 것이다. 격조나 무드 없이 들이대기만 한다고 생각할 것이다. 춤을 추는 수컷도 그 사실을 알고 있을 거다. 그것은 '광기'였다. 오지 않는 암컷에 대한 하소연, 분노, 짜증이 버무려진. 그날 수컷은 10번 넘게 필살기 춤을 홀로 췄다. 촬영의 목표는 극락조의 '짝짓기'였다. 비좁고 습한 위장 텐트, 한 달간 촬영 일정의 마지막 날이었지만 결국 짝짓기 촬영은 실패였다. 하지만 왠지 기분이 나쁘지 않았다. 오히려 성공보다 더 좋은 실패라는 생각이 들었다. 수컷을 이해한 것 같은 느낌, 뭔가 '교감'을 했다는 느낌 때문이었다.

우리는 비슷한 점보다 다른 것에 더 민감한 존재인지도 모른다. 그래서 우리와 몹시 닮은 존재라는 것을 느낄 수만 있다면 함부로 대할 수 없다. 극락조의 사치스러운 깃털, 비현실적인 색깔, 짝짓기에 대한 광적인 집착은 인간의 모습과 너무도 닮아 있다. 그들도 우리와 같은 '연애 기계'다. 진화의 최종 승자는 연애에 성공한 자다. 사냥에 성공해도 짝짓기에 실패한다면 그 유전자는 사라지기 때문이다. 극락조 역시 우리처럼 생존 기계이자 연애 기계로 진화했다. 우리가 환경문제에 관심이 덜한 이유 중 하나는 교감할 대상이 적어서인지도 모른다. 극락조처럼 특별하고 놀라운 생명이 주변에 많다면 얼마나 좋을까. 하지만 우리 주변에 그런 생명이 없는 게 아니다. 오히려 너무 흔하다. 우리가 미처 보지 못했을 뿐.

무시된 존재에 대한 재발견

"내가 곧 땅에 호수를 일으켜 하늘 아래 모든 생물을 다 멸절 시키리니 너는 살아 있는 모든 것들 가운데 암수 한 쌍씩을 방주 안으로 들여보내 너와 함께 살아남게 하여라."

— 〈창세기〉 6장 17절~19절

노아는 모든 생물을 방주에 실었지만 그곳에 식물은 없었다. 식물은 생물로 여겨지지 않았다. 어쩌면 식물은 지금까지도 제대로 대접받지 못하고 있는지도 모른다. 식물은 인테리어의 소품이거나 으레 있어야 하는 배경 정도로 여겨진다. 식물이 동물만큼 대접받지 못하는 이유는 무엇일까. 명칭부터 차이가 있다. 동물動物은 '움직이는 생물'이다. 식물植物은 '심어진 생물'이다. 자유롭게 돌아다니는 생물과 한 곳에 고정되어 이동할 수 없는 생물. 식물은 마치 움직이지 못하는 존재로 여겨지는 표현이다. 식물에 대한 편견을 깨는 방법. 그것은 식물이 동물과 다르지 않음을 보여주는 것이다. 그것이 〈녹색동물〉이란 식물 자연다큐멘터리를 제작한 이유였다.

식물 역시 밥벌이를 한다. 동물처럼 굶주림이 있다는 뜻이다. '생산자'지만 재료가 있어야 한다. 빛, 물, 미네랄이 필요하다. 모두 외부에 있는 재료라서 식물 역시 동물처럼 에너지원을 구하는 노력을 해야 한다. 인도 콜카타Kolkata의 식물원. 처음 도착했을 때 그곳이 숲이라 생각했다. 몇 미터를 걸어도 비슷한 풍경이 펼쳐지기 때문이다. 띄엄띄엄 땅에 박힌 나무 기둥이 하늘을 향해 뻗어 있으며, 머리 위로 난 수많은 나뭇가지와 숱한 나뭇잎 때문에 바닥까지 닿는 햇빛은 드물다. 햇살과 바람을 막아주는 그늘이 넓어서 여느 숲속에 들어온 것처럼 고요하고 아늑하다. 하지만 이곳은 숲속이 아니다. 사실 그곳엔 나무, 단 한 그루만 존재한다. **3,600개**의 기둥

으로 이루어진, 축구장보다 면적이 1.5배 큰, 세계에서 면적이 가장 넓은 나무로 기네스북에 오른 '그레이트 반얀트리Great Vanyan Tree'다. 나무가 넓게 자랄수록, 즉 표면적이 커질수록 더 많은 햇빛을 받을 수 있다. 나무의 넓이는 결국 빛을 향한 욕망의 크기다. 광합성을 해야 하는 모든 식물은 빛에 대한 강렬한 욕망을 가지고 있다.

어떤 식물은 필요한 것들을 다른 식물에서 얻는다. 기생식물이다. '실새삼Australian dodder'은 싹이 트자마자 실처럼 가는 줄기를 회전시킨다. 카우보이가 올가미 밧줄을 돌리는 모습과 비슷하다. 다른 식물의 줄기를 잡는 데 성공하면 숙주식물의 줄기 속으로 파고들어 물과 양분을 빨아먹는다. 숙주식물은 점차 말라가고 실새삼은 맹렬히 자라기 시작한다. 재밌는 것은 '실새삼이 어떻게 숙주식물을 찾는가'이다. 모두가 알고 있듯 식물엔 눈이 없다. 깜깜한 세상에서 어떻게 먹잇감에게 다가갈까. 실새삼은 냄새를 맡는다. 허브향이나 피톤치드처럼 많은 식물들은 휘발성유기화합물질VOCs을 내뿜는다. 체취가 있는 셈이다. 실새삼은 냄새를 맡을 수 있을 뿐만 아니라 냄새를 구분한다. 실새삼은 먹이를 골라 먹는다. 아무 식물에나 기생하지 않고 주로 토마토나 콩과 식물에 다가간다. 자신만의 취향과 식성이 있는 셈이다.

식물이 굶주림을 벗어나면 하는 일. 식물도 동물처럼 짝짓기를 한다. 하지만 서로에게 다가갈 수는 없다. 그래서 '수분 매개자'가 필요하다. 토마토는 17세기 초부터 식용으로 재배되었지만 대량으로 열매를 생산하기까지 어려움이 있었다. 토마토의 수술과 암술은 겉에서 잘 보이지 않는다. 암술은 약간 돌출되어 있지만 수술은 모두 씨방 속에 숨어 있다. 인공적으로 수분을 하려면 수술의 꽃가루를 묻혀 암술에 비벼야 하는데 수술이 보이지 않는다. 사람들은 궁리 끝에 새로운 사실을 알아낸다. 약 350헤르츠의 진동이 있을 때 꽃가루가 쏟아져 나오는 것을 발견한 것이다. 진동이 일어나야 꽃가루를 배출하는 이유는 진동을 만들어내는 매개자가 있기 때문이다. 바로 벌이다. 동물의 정액에 해당하는 꽃가루는 영양분이다. 많은 곤충들이 꽃가루를 먹이로 삼는다. 수분을 해주지 않는 약탈자들이다. 식물 입장에선 꽃가루를 만드는 것 자체가 에너지와 시간이 필요한 일이다. 그래서 토마토는 꽃가루를 날라줄 수 있는 믿음직한 벌에게만 자신의 꽃가루를 내어주도록 진화했다.

식물에게도 성욕이 있다. 그리고 이 욕망이 얼마나 강한지 보여주는 꽃이 있다. 시체꽃이다. 처음엔 작은 묘목이었지만 해가 갈수록 잎의 개수는 늘어나고 나무는 5m까지 자란다. 얼마 뒤 뿌리 위쪽의 나무 부분은 쓰러진다. 대신 7년 동안 나무가 모은 양분이 흙 속 알뿌리에 저장된다. 알뿌리의 직경은 약 1m. 무게는 약 100kg. 이 식물은 왜 7년 동안 영양분을 축적했을까? 휴면기가 지나면 높이 3m 폭 1.5m로 지구에서 가장 큰 꽃이 핀다.

7년 동안 영양분을 모은 이유는 이 거대한 꽃을 피우기 위해서다. 이 거대한 꽃이 유혹하는 곤충은 파리다. 꽃 아래쪽의 수술대로 파리를 불러 모으기 위해 파리가 좋아하는 냄새를 풍긴다. 시체 냄새다. 악취의 강도는 꽃의 크기에 비례한다. 숨이 멎을 정도다. 이때 꽃은 인간의 체온과 비슷한 36도 정도의 열을 발산한다. 열은 낮은 곳에서 높은 곳으로 퍼지며 상승기류를 만든다. 3m의 꽃 기둥을 발판 삼아 치솟은 악취는 상승기류를 타고 더 높이 올라간다. 높은 열과 거대한 꽃의 크기 덕분에 냄새는 반경 1km 밖까지 퍼진다. 시체꽃은 주변의 모든 파리를 부를 수 있다. 경쟁이 치열한 열대에서 시체꽃이 세운 전략은 대량 살포다. 거대한 기둥과 나팔 형태의 꽃은 악취를 한 번에 많이 뿌리기 위한 확성기다. 파리에 의해 수정이 되면 꽃은 곧 시들고 '우지끈' 굉음을 내며 쓰러진다. 꽃이 피는 기간은 단 이틀. 이틀의 짝짓기를 위해 시체꽃은 7년을 준비한다.

짝짓기가 끝나면 식물은 번식을 한다. 산포. 씨를 뿌리는 거다. 새끼를 키우기 위해 적당한 곳을 찾듯 씨도 아무 곳에, 아무 때나 뿌리면 안 된다. 건기가 절정인 11월. 맑은 날씨에 발생하는 마른 벼락과 나무들끼리의 마찰열로 산불이 자주 일어난다. 산불은 죽음을 낳는다. 작은 식물도 예외는 아니다. 그러나 반대로 불이 나기만 기다리는 식물도 있다. 쉬오크Casuarina나 뱅크스소나무Pinus banksiana같은 식물은 150도 이상의 고온에서만 씨앗이 담긴 솔방울을 벌린다. 불이 나면 상승기류가 생긴다. 그래서 이런 식물들은 씨앗에 날개를 달아 두었다. 불이 나기를 기다려 씨앗을 퍼트리는 이유는 무엇일까? 그것은 불이 났을 때가 싹트기 좋은 때이기 때문이다. 이미 키 큰 나무들이 자라고 있는 숲에서 작은 씨앗이 건강하게 자라기는 쉽지 않다. 이미 있던 나무들은 토양의 양분을 많이 고갈시켰고, 높게 자란 탓에 햇빛을 독차지하고 있기 때문이다. 이런 숲에서 새싹은 살아남기 힘들다. 하지만 불이 나면 얘기는 달라진다. 경쟁자들이 불에 타 사라지고 숲에는 많은 빛이 들어온다. 게다가 죽은 경쟁자들이 남긴 재는 훌륭한 거름이 된다.

경쟁자들이 죽었을 때가 '내가 살아남기 좋은 때'다.

그들은 살아남았다

2019년에 최악의 호주 산불이 일어났다. 지구 밖에서도 볼 수 있을 정도의 규모였다. 주민 10만 명이 대피하고 캥거루와 코알라 등 약 5억 마리의 동물이 죽었다. 하지만 호주엔 산불에 적응한 식물이 있다. '그라스트리Grass tree'가 대표적이다. 잎 부분엔 휘발성 성분이 있어 산불이 나면 빨리 타 버린다. 더 큰 피해를 막기 위해서다. 수백 도의 온도에도 견딜 수 있는 내화성 줄기로 산불을 버틴다. 마침내 산불이 멈추면 수백 개의 작은 꽃들이 한꺼번에 피어난다. 그라

179

스트리 역시 산불이 나고 난 뒤의 황량한 폐허에서 새로운 희망을 싹틔운다. 식물은 인간보다 훨씬 오래전부터 지구에서 더 가혹한 상황을 견디며 살아왔다.

식물을 동물이라고 말하는 것은 비약일 수도 있다. 그럼에도 식물로부터 동물성을 발견하려는 시도는 우리가 동물이기 때문이다. 팔은 안으로 굽는다. 우리는 식물보다 동물에게 더 친근감을 느낀다. 그런데 식물 역시 동물 같은 존재고 우리와 결코 다르지 않은 존재라는 것을 밝힌다면 어떨까. 단지 다른 시간대를 살고 있을 뿐, 우리와 똑같은 문제를 겪고 우리보다 지혜롭게 그 문제를 풀고 있다는 것을 알게 된다면 식물에 대한 태도는 달라지지 않을까. 그리고 무시된 존재로부터 시작된 생태 감수성은 이끼, 버섯, 균류 등 식물보다 더 자잘하고 하찮게 보이는 것들과 친근감을 느낄 수 있도록 만들어주지 않을까.

우리는 연결되어 있다

10년 넘게 동식물의 밥벌이와 짝짓기를 촬영하면서 자연스럽게 차곡차곡 쌓이는 생각이 있다. 다른 지역, 다른 종을 촬영하는데도 겹치고 포개지는 생각. 물고기를 사냥하기 위해 물고기를 닮아가는 가마우지, 벌을 수분 매개자로 이용하기 위해 형태가 바뀐 토마토 꽃. 극락조는 형형색색의 열대과일을 먹어야 그 찬란한 깃털 색을 유지할 수 있고, 물총새는 갈대나 나뭇가지가 있어야 사냥할 수 있으며, 뱅크스소나무는 불이 나야 씨앗을 퍼트릴 수 있다. 나비를 촬영하기 위해선 나비 애벌레가 먹는 식물(기주식물)부터 찾아야 했다.

어느 한 종을 촬영하러 갔지만 그 종을 촬영하다 보면 자연스럽게 다른 종을 알게 되었다. 결국 그 연결과 흐름을 알지 못하면 촬영이 어려웠다. 이런 예는 얼마든지 있다.

멕시코 캘리포니아만의 외딴섬. 육지에서 약 50km 떨어진 이 무인도에는 특이하게도 수만 그루의 선인장이 오래된 숲을 이루며 살고 있다. 더위와 가뭄에 강하지만 영양분도 없는 척박한 돌산에 어떻게 선인장이 번성할 수 있었을까? 푸른발부비새 덕분이다. 이 새는 섬의 유일한 나무, 선인장 그늘에 둥지를 튼다. 이들의 먹이는 물고기다. 바다에서 물고기를 사냥해 새끼에게 먹이면 새끼들은 선인장에 배설한다. 바다로부터 온 배설물엔 선인장이 필요로 하는 미네랄 성분이 풍부하다. 비료인 셈이다. 선인장뿐만 아니라 새의 배설물이 섬 전체를 하얗게 뒤덮고 있어 섬 주변의 바다까지 영양분을 제공한다. 식물성 플랑크톤이 번성하고 어장이 형성된다. 그 결과 섬 주변에 바다사자, 돌고래, 귀신고래들이 함께 어울려 사냥을 한다. 돌섬 하나가 새 덕분에 수많은 생명이 깃드는 하나의 '세계'가 된 것이다.

태평양 팔라우섬. 멸종위기종 패럿피시Parrotfish는 이빨을 가진 물고기다. 건강한 성체 한 마리는 1년에 5톤의 산호를 먹어 치운다. 하지만 산호의 천적은 아니다. 빠르게 자라는 산호 혹은 늙은 산호를 먹는다. 어린 산호들이 자리 잡을 수 있게 도와주어 오히려 산호 생태계의 다양성을 높인다. 패럿피시는 이보다 더 큰 역할을 한다. 산호를 먹은 패럿피시의 배설물이 열대 군도 퇴적물의 85%를 이루고 있다는 것이 밝혀졌다. 즉 물고기가 섬을 만든다. 산호초 섬을 만들고 유지하는 데 필요한 퇴적물 형성에 결정적인 역할을 하는 패럿피시. 이런 섬에 코코넛 열매 등 식물이 상륙해 싹을 틔우고 더 많은 모래를 가두어 섬을 넓혀 더 많은 생명을 불러들인다. 패럿피시의 똥 덕분에 결국 없었던 생태계가 만들어졌다. 사실 생물과 생물끼리만 연결된 것은 아니다. 무생물과 생물도 연결되어 있다.

화산이 폭발하면 지구의 깊은 곳에 있던 미네랄이 쏟아진다. 철, 칼슘 등 생명체를 이루는 데 꼭 필요한 물질이지만 아직 생명체에 흡수될 수 없다. 지구가 처음 생겼을 때 곰팡이만이 암석을 녹이고 쪼갤 수 있었다. 그런데 이 곰팡이가 광합성을 하는 녹조류와 '결합'을 한다. 곰팡이는 암석의 미네랄 성분을 녹조류에게 주고, 녹조류는 광합성으로 얻은 에너지를 곰팡이에게 주는 공생 관계가 만들어진다. 곰팡이와 녹조류의 결합, 이것이 지의류地衣類다. '땅의 옷'이란 뜻이다. 이끼와 비슷하게 우리 주변의 돌과 나무에서 흔하

게 볼 수 있지만 지의류의 역할을 아는 사람은 드물다. 지의류는 우주에서 오직 지구에만 있는 물질을 만들어냈다. 지의류가 깨고 부순 암석에 지의류의 사체가 섞여서 생겨난 물질이 바로 흙이다. 생명의 요람. 지의류가 만든 흙 덕분에 식물이 본격적으로 번성하기 시작했고 지금의 생태계가 이뤄졌다. 암석, 지의류, 흙, 식물, 동물로 이어지는 연결과 흐름 속에 비로소 우리가 존재한다.

세계 곳곳에서 만났던 사람들이 입을 모아 기후변화에 대해 이야기해 주었다. 예전 같지 않다고. 촬영할 수 있는 개체수가 이전보다 줄었다고. 날씨가 점점 더 이상해진다고. 심하다고. 하지만 그와중에도 생물들은 여전히 밥벌이와 짝짓기를 하고 있었다. 여름철새로 알려진 물총새는 이제 겨울에도 간혹 보인다. 보통 겨울에는 따뜻한 동남아시아로 가는데 일부는 우리나라에서 겨울을 보내기 시작했다. 지구온난화 때문인지도 모른다. 하지만 새하얀 설원을 배경으로 눈 쌓인 갈대에 앉아 물속을 째려보다가 마침내, 눈을 튕겨내며 얼음장 물속으로 내리꽂는 모습에 시선이 멎는다. 지금까지 볼 수 없었던 새로운 경이로움이다.

아직 늦지 않았는지도 모른다. 하던 생각을 계속한다. 모든 생물은 다른 무언가를 의지하며 살아간다. 손잡지 않은 생명은 없다. 서로가 서로에게 연결되어 있다. 인간 역시 지배자가 아니라, 최상위 포식자가 아니라 여러 생물과 무생물 '덕분에' 살아갈 뿐이다.

잘 몰랐던 연결을 드러내고 전혀 연결되지 않을 것 같은 것도 사실은 연결되어 있다는 것을 보여주는 것. 그래서 어쩌면 한 몸이라는 것을 밝히는 것. 그것이 지금 내가 생각하고 있는 포지티브다.

우리가
소박하고 지혜롭게
살아간다면

KBS 이도경 피디

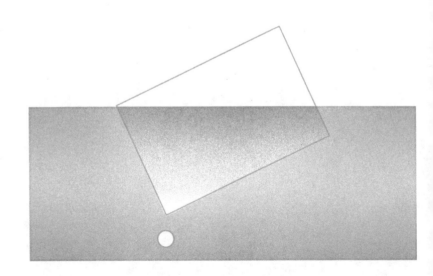

"숲을 초토화시키고 강을 오염시켜
 동물들을 멸종위기에 몰아넣으면서도
 이들을 사랑하고 보호하고 싶어 하는,
 인간의 가슴 깊은 곳에 자리한 갈망."

"얼마나 많은 사람들이 한 권의 책을 읽고 자신의 삶에 새로운 시대를 열었던가! 독서를 제대로 하는 것, 다시 말해 참된 책을 참된 정신으로 읽는 것은 고귀한 훈련이며, 독자에게는 이 시대의 풍조가 높이 평가하는 그 어떤 훈련보다 더욱 힘든 일이 될 것이다."

— 헨리 데이비드 소로, 『월든』 중

미디어 기술이 발달하고 라디오와 티브이의 시대를 넘어 스마트폰이 생활의 중심이 된 지 오래다. 그럼에도 소로의 말처럼 "기록된 언어는 가장 소중한 유물이다. 다른 어떤 예술 작품보다 더욱 우리와 친숙하면서도 더욱 보편적이다." 우리는 책을 통해 지혜를 얻고 타자에 대한 이해를 넓히며 호모 사피엔스의 삶을 이어간다.

나는 사과를 좋아한다. 상큼 달콤한 맛에 건강에도 좋기 때문이다. 어릴 적부터 사과를 거의 매일 먹었는데 예순을 바라보는 나이에 이르니 사과 재배지의 변화도 체험으로 안다. 20대에는 대구나 영주의 사과가 대부분이었으나, 40대에는 충청 영동의 사과를 쉽게 접할 수 있었다. 50대에는 강원도 산간에서 사과를 구입했고, 최근엔 경기 북단 민통선 안에서 재배한 사과를 맛보았다. 사과를 통해 기온의 상승과 기후변화를 매일 아침 몸으로 느끼는 셈이다.

사과뿐 아니라 수시로 체크하는 미세먼지 농도도 마찬가지다. 겨울 추위에도 웬만하면 밖으로 나가 산책을 하지만, (초)미세먼지 농도가 기준을 넘으면 실내에 머무른다. 목이 칼칼하고 가슴이 답답해진 경험이 있기 때문이다. 도심 자동차의 배기가스는 찻길에서 멀어지면 피할 수 있지만 지구온난화나 미세먼지 같은 환경문제는 개인의 노력만으로는 해결하기 어렵다.

'건강한 몸과 마음, 그리고 건강한 공동체'에 대한 추구, 이는 내가 피디라는 직업을 택한 중요한 이유 중 하나이기도 하다. 입사 이래 많은 시사교양 프로그램을 제작했지만 정작 환경문제를 주제로 삼은 경험은 거의 없다. '이야기'로 만들기 어렵기 때문이다. 우리가 접하는 현실의 기후변화에는 중요한 시각적 모티프, 즉 대재앙이 쏟아 붓는 인상적인 장면과 강렬한 이미지가 빠져 있다. 게다가 명확한 악당도 주인공도 찾기 어렵다. 또 사람들은 기후 문제라는 미래의 이익보다 현실에서 감당해야 할 손실에 더 민감하다. 미디어에서는 지구온난화를 막자는 의제보다 (경제) 성장과 (정치-사회적) 승리의 신화를 콘텐츠로 만드는 게 쉽다.

돌아보면 4년 가량 비제작 부서에서 근무하다가 우연히 〈환경스페셜〉 팀에 배정된 것은 나에겐 큰 행운이었다. 일상에서 몸으로 느끼는 환경문제를 프로그램에 접목시켜 시청자와 소통할 수 있는 기회였기 때문이다. 이야기로 만들기 힘든 기후변화를 새로운 접근법으로 다루었다. 7편의 프로그램이었지만 개인으로서도, 프로듀서로서도 큰 의미가 있는 일이었다. 일상이 변했고, 퇴직 이후의 계획에도 새로운 소명이 생겼다. 그 프로그램이 바로 〈100인의 리딩쇼 - 지구를 읽다〉이다.

티브이와 책, 환경과 낭독의 만남

KBS에서 〈100인의 리딩쇼 - 지구를 읽다〉(약칭 〈리딩쇼〉) 기획이 통과된 배경에는 크게 두 가지가 있었다. 먼저 재난방송주관사로서 재난의 근본 원인인 기후 위기에 적극적으로 대처해야 한다는 안팎의 요구가 높아졌다. 2018년 〈KBS 스페셜〉에서 만든 〈플라스틱 지구〉 2부작은 세간의 호평과 함께 방통위에서 주는 방송대상을 받기도 했다. 그래서 2013년에 사라졌던 〈환경스페셜〉을 8년만인 2021년 봄에 부활시켰다. 환경 다큐멘터리는 시대적 당위성이나 시청자의 만족감은 크지만 막대한 예산과 긴 제작 기간, '이야기화'에 따르는 어려움으로 상업 방송에서는 편성하기 쉽지 않은 장르다. 〈리딩쇼〉는 '〈환경스페셜〉 팀'이 만들어진 덕분에 제작진이 1년 넘는 기간 동안 숙성시킨 프로그램이다.

두 번째 이유는 고품격 문화 콘텐츠에 대한 시청자들의 요구다. KBS는 2001년 〈TV, 책을 말하다〉와 2003년 〈낭독의 발견〉과 같은 책 프로그램을 장기간 방영했다. 나 역시 〈TV, 책을 말하다〉 첫 편인 『로마인 이야기』 등을 연출했다. 이후 약 10년 동안 이 프로그램에는 당대의 많은 지식인들이 출연했다. 그러나 나름 호평받았던 이 프로그램들도 정치적인 영향과 시청률 등을 이유로 2009년과 2012년에 각각 폐지되었다. 이후 공영방송의 '차별성'에 대한 요구 목록에 '책' 프로그램은 꾸준히 그 이름을 올려왔다.

〈환경스페셜〉 팀은 위의 두 가지 요구를 결합해 2021년 가을 〈지구의 경고 - 100인의 리딩쇼〉라는 2편의 파일럿 프로그램을 방영했다. 매우 느리게 진행되는 지구의 환경 변화는 특정한 장소에서만 카메라에 담을 수 있기 때문에 제작 기간과 비용이 정해진 방송 프로그램으로 만드는 데 어려움이 있다. 흔히 우리가 기후 위기라고 하면 녹아 떨어지는 빙산이라든지 헤엄치는 북극곰의 이미지가 상투적으로 등장하고 시청자는 이를 식상하다고 느끼기가 쉽다. 이 기획은 통찰력이 뛰어난 작가들의 경험을 정제된 언어로 표현한 '책'을 통하면 기후 위기의 실상을 다양하고 효과적으로 전달할 수 있겠다는 아이디어에서 출발했다.

영상 표현의 약점을 보완하기 위해 진행자(배우 정우)가 나오는 스튜디오를 XR(확장 현실)을 사용해 산불이 나고 화산이 폭발하는 장면 등을 보여줄 수 있게 연출했다. 기후 위기 관련 책을 현장에서 활동하는 사람들과 셀럽들이 낭독했다. 이 낭독 덕분에 저자의 텍스트가 시간과 장소를 뛰어넘어 시청자에게 생생하게 전해지는 경험을 줄 수 있었다. 제1편 '온난화의 시계'에서는 영국의 환경운동가 마크 라이너스의 저서 『6도의 멸종』을, 제2편 '지구, 우리 모두의 집'에서는 프란치스코 교황의 회칙 『찬미 받으소서』의 주요 부분을 읽으며 지구와 기후 위기 문제를 진지하게 성찰했다.

당시 비제작 부서에 있었던 나는 이 프로그램을 보며, '책과 환경의 만남' 구성이 신선하다고 느꼈다. 더구나 10년 만에 책 프로그램이 새로운 형식으로 돌아와 반갑기도 했다. '카톨릭매스컴 대상'을 수상하는 등 반응도 좋았다. 이런 호응과 여기에 참여했던 외주 제작사 허브넷(김소현 작가, 김선우 피디)의 노하우가 2022년 〈리딩쇼〉 7편의 씨앗이 되어 주었다.

살아나는 텍스트 - '70억 개의 별'

〈리딩쇼〉 제작진은 2022년 초부터 파일럿을 확장해 정규 프로그램으로 방송하기 위한 연구를 시작했다. 초기 논의 과정에서 '문화'를 강조할 것인가, '환경'에 방점을 찍을 것인가를 두고 고심했다. 역시 '환경'을 다루는 시리즈가 필요하다고 판단해 '지구를 읽다'라는 부제를 달았다. 나는 〈환경스페셜〉 팀에서 〈숨터〉 제작을 담당하다가 이 프로그램이 없어지면서 〈리딩쇼〉에 자연스럽게 합류했다. 여기에는 예능 피디로 입사해 환경 예능 〈오늘부터 무해하게〉를 연출, 본격적인 환경 다큐멘터리를 만들기 위해 과감히 '중대 결정'을 한 젊은 피, 김슬기라 피디도 참여했다.

프로그램이 성공하기 위해선 주제 선정과 함께 시청자에게 친근한 셀럽 섭외, 텍스트를 잘 보여줄 수 있는 현장과 그에 맞는 출연자 발굴이 매우 중요하다. 배우 정우가 파일럿 프로그램에 이어 진행을 맡아주기로 했다. 파일럿에서는 XR 스튜디오 촬영에 큰 제작비가 투입되었고 촬영에도 시간이 걸렸다. 그래서 이번에는 비용이 적게 드는 크로마키 촬영으로 대체하고 현장의 낭독 장면을 강화하기로 했다.

첫 편은 중요하다. 〈70억 개의 별(연출: 김선우)〉이라는 부제로 BTS의 노랫말로 우주와 환경 그리고 생명에 대한 사랑을 표현해 보고자 했다. 처음에는 탄탄한 논리를 지닌 '책'이 아닌 대중 가수의 노랫말로 호소력 있는 프로그램을 구성할 수 있을까, 반신반의했다. 하지만 파일럿 프로그램부터 아이템을 숙성시켜 온 부장과

외주제작사의 베테랑 작가가 이 아이디어를 밀어붙였다. 미국 싱어송라이터 밥 딜런도 노래로 노벨문학상을 받았다는 점을 상기시켰다. 구성안이 나오고 BTS의 노랫말을 자세히 들어보니 전 세계의 젊은이들이 왜 그 노래에 위안을 받고 열광하는지 느낌이 왔다.

해외 아미들을 섭외했고, 낭독자로 배우 김미숙, 아나운서 이금희, 쇼트트랙 국가대표 이유빈 선수, BTS에 대한 산문집을 쓰기도 한 나태주 시인 등이 출연했다. 보통의 고래들이 내는 소리와 다른 52헤르츠의 주파수를 가진 '외로운 고래'를 찾는 캐나다 다큐 감독 조쉬 제만, 우리나라에선 흔치 않은 여성 고래 연구가 김은호 박사. 이들의 사연과 BTS의 노래 'Whalien 52'의 가사를 엮었다. 조쉬 제만은 지구 반대편에 있는 누군가가 이 '외로운 고래'를 노래하고 있다는 점에 큰 영감을 받았다고 한다. 또 김은호 박사는 긴 유학 기간 동안의 외로움과 부모 생각이 BTS의 노랫말과 겹쳐지자 울먹이기까지 했다.

학교 성적과 관계없이 모두 모여 해변의 쓰레기를 청소하고 공터에 화단을 만드는 통영 충렬여고 학생들은 노래 '작은 것들을 위한 시'에 맞춰 함께 춤을 춘다. 자연을 위한 일은 귀찮거나 불편한 일이 아니라 즐겁고 보람찬 경험임을 표현한다. 대중음악평론가 임진모는 "1960년대 초반 밥 딜런과 2010년대 후반의 BTS는 다르지 않다"며 "시대를 정확히 응시하고 우리가 사는 시대에 개선해야 할 것을, 바꿔야 할 것들을 일깨워줬다"고 강조했다. BTS의 노랫말은 우리가 살아가는 우주와 생명에 대한 사랑으로 여러 사람의 삶에서 재해석되고 있다.

〈스쿨 오브 락〉과 『월든』

두 번째 회차는 『학교에서 살아가는 곤충들』(강의영 등 저)을 주 텍스트로 삼았다. 김슬기라 피디는 예능 출신답게 환경문제에 즐겁고 재밌게 접근하고자 했다. 부제는 '스쿨 오브 락樂'. 곤충은 지구 생물의 70%를 차지할 정도로 종류와 개체수가 많아 생태적으로도 매우 중요하다. 그러나 크기가 작고 모양이 인간과 매우 다르다. 또한 외형의 차가운 느낌 때문에 "우리는 벌레를 기껏해야 불편을 안겨주는 낯설고 기이한 존재로 여긴다. 최악의 경우에는 경멸의 대상이 되기도 한다."* 즉, 시청자들이 쉽게 감정이입을 할 수 없는 생명체다. 이런 이유로 방송 프로그램에선 곤충을 선호하지 않는다. 대개 큰 동물에 비해 시청률도 잘 나오지 않는다.

이러한 아이템의 어려움에도 '지루한 다큐'에서 벗어나고자 배우 정우가 곤충과의 대화를 시작했다. 〈나는 나비〉를 부른 가수 윤도현이 어렸을 적 시골에서 땅강아지를 만지며 놀았던 추억은, 콘

---

* 『잃어버린 본성을 찾아서』, 스티븐 켈러트 저, 김형근 역, 글항아리, 96쪽.

크리트 도심에서 할아버지가 잡아준 매미를 통해 곤충의 세계로 푹 빠진 여덟 살 라희에게로 이어진다. 또 자연 속에서 풀벌레 소리를 찾아 자신의 음악 세계를 구축한 작곡가 정재형과, 제주도에서 책방을 운영하는 가수 요조가 자신이 만난 곤충의 세계를 들려준다. 매미 박사인 블랙비 재효는 울음소리만 듣고도 어떤 종류의 매미인지 알아맞힌다.

곤충이 우리에게 얼마나 소중하고 친근한 존재인지 말하려 했던 이 프로그램은 편집 구성을 여러 번 뒤집는 등 우여곡절을 겪었다. 예능 출신 연출자는 장르 간 구성과 촬영 방식, 작가의 역할, 심지어 후반 제작의 순서 등 여러 가지 차이에서 오는 시행착오에 고생했다. "같은 회사, 같은 제작 편집실에서 같은 기술감독과 하는 종합편집도 이렇게 다르다니…." 김슬기라 피디는 이 과정을 겪으며 "자연에서 가장 낯설게 느껴졌던 존재에 대한 경이와 애정이 자랐고, 장르에 대한 이해와 자긍심이 두터워졌다"고 말했다.

제3화는 헨리 데이비드 소로의 『월든』을 텍스트로 한 〈자연처럼, 살다(연출: 김선우)〉이다. 개인적으로 이 책은 예전에 읽으려고 했다가 재미없어 포기한 책이기도 하다. 20년도 아니고 고작 2년 동안 숲 생활을 하면서 쓴 책이 왜 이렇게 유명한 건지…. 그런데 이번 프로그램을 준비하며 끝까지 정독했는데 예전과 다른 의미로 책이 다가왔다. 자연과 인간에 대한 저자의 깊이와 통찰이 느껴졌다. 그의 말대로 "독서를 제대로 하는 것, 다시 말해 참된 책을 참된 정신으로 읽는 것은 고귀한 훈련"*임을 깨달았다. 소로의 자연에 대한 사랑, 정의를 향한 열정과 자유로운 정신은 '요세미티 국립공원의 거인' 존 뮤어(1838~1914)와 '생태윤리의 아버지' 알도 레오폴드(1887~1948) 그리고 반자본주의적 평화주의자 스콧 니어링(1883~1983) 등에 영향을 주며 미국 사상의 커다란 한 축을 형성하게 되는 핵심이다.

월든의 숲을 시청자에게 체험하게 해줄 게스트로 가수 박지윤이 출연했다. 박지윤은 남양주의 한 숲속 펜션에서 2000년대, 누구보다 화려한 전성기 시절 절실했던 혼자만의 시간을 찾아냈다. 그 시간을 보내며 자신을 알아가고, 내면이 단단해지자 고독은 사라졌다고 한다. 특히나 박지윤의 목소리와 낭독 실력은 탁월했다.

이 회차에서는 간소하게 그리고 멋지게 사는 숲지기들이 여럿 등장했다. 30년 동안 자작나무 숲을 가꾼 원종호 씨, 40년 동안 2천여 그루의 은행나무 숲을 가꾸어온 유기춘 씨, 제주에서 태어나 평생 곶자왈 숲을 지키는 이영근 씨. 이들에게 『월든』의 정신은 생생히 살아 있었다.

"나는 우리가 소박하고 지혜롭게 살아간다면 이 세상에서 제
몸을 먹여 살리는 것이 고난이 아니라 놀이처럼 즐거운 일임
을 신념과 경험을 통해 깨닫게 되었다."*

〈자연처럼, 살다〉 편을 제작하며 다시 한 번 고전의 저력을 확인했
다. 주위의 반응도, 시청률도 이전보다 높았다. 1845년에 한 미국
인이 숲에서 체험한 생각은 180년을 건너와 물질만능주의가 넘쳐
나는 한국 사람들의 관심을 끌었다. 시청자들이 공영방송에 더 깊
고, 다양한 콘텐츠를 요구하고 있다는 점도 새삼 느끼게 되었다.

위기의 '동물원'과 '나무'

제4회차의 텍스트『동물원』은 이 프로그램을 준비하면서 가장 재
미있게 읽었던 책이다. 퓰리처상 수상자 토머스 프렌치는 6년여에
걸쳐 아프리카 사바나, 파나마 정글, 대도시의 동물원을 오가며 탐
사한다. 책에는 밀렵과 강제 도태에서 살아남은 스와질란드 코끼
리, 금발의 백인 여성에게서 성욕을 느꼈던 서아프리카 태생 침팬
지, 비극의 가족사를 지닌 수마트라호랑이 등이 등장한다. 동물원
을 둘러싼 인간의 모순적 욕망을 극적으로 묘사하는 저자의 솜씨

---

* 『월든』, 94쪽.

또한 읽는 내내 흥미를 유발할 정도로 탁월하다.

　연출은 동물 프로그램 〈주주클럽〉을 경험했던 윤돈희 피디가 맡았다. 작가 토머스 프렌치도 기꺼이 현지 촬영에 응해줬다. 이 프로그램에서는 동물원 사육사, 야생동물을 구조하는 재활관리사, 유기견을 돌보는 수의사, 버려진 사육 곰을 돌보는 활동가들이 나온다. 이들도 작가와 마찬가지로 동물과 인간의 부조리한 관계에 대한 안타까움을 이야기한다. 배우 김미숙과 공승연, 시인 박준, 동물을 빚는 도자 작가 정은혜가 낭독자로 출연해 이 모순된 감정을 제대로 표현해 주었다.

　　"잃어버린 야생성에 대한 인간의 열망, 자연을 찬미하면서도 통제하고 싶어 하는 인간의 본능. 숲을 초토화시키고 강을 오염시켜 동물들을 멸종위기에 몰아넣으면서도 이들을 사랑하고 보호하고 싶어 하는, 인간의 가슴 깊은 곳에 자리한 갈망. 이 모든 것이 포로들의 정원에 전시되어 있었다."*

시청자의 관심을 끄는 동물에 재미있고 깊이 있는 텍스트, 상징을 잘 활용한 연출 등이 호평을 받았다. 방송 후 한국피디연합회에서

* 『동물원 - 우아하고도 쓸쓸한 도시의 정원』, 토머스 프렌치 저, 이진선·박경선 역, 에이도스, 48쪽.

시상하는 '이달의 피디상'을 받게 되었다. 어렸을 적부터 친숙한 동물원, 일상에서 늘 접하는 반려동물, 미디어를 통해 만나는 다양한 지구의 친구들. 우리가 자연을 정복의 대상이 아니라 잠깐 빌리는 공간, 후손들이 계속 살아가야 할 터전이라고 생각을 바꾼다면 해결의 실마리를 찾을 수 있지 않을까?

'나무로부터'라는 부제가 달린 다섯 번째 회차에 제작 위기가 왔다. 에프디, 작가에 이어 연출자도 코로나19에 감염되었다. 급히 다른 인원이 투입되었지만 이후 회차까지 일정이 늦어지는 건 어쩔 수 없었다. 다행히 그동안 제작 과정이 익숙해졌고 제작사의 노하우도 축적되어 최종 편집과 송출 시간을 맞출 수 있었다. 코로나19 팬데믹이 기후변화로 인한 인수공통전염병에서 유래된 것임을 생각하면 기후 위기가 이제 우리의 일상을 파괴할 정도로 가까이 다가와 있음을 실감했다.

제5회차 텍스트는 숲속으로 들어간 영국 고고학자 『나무의 모험』과 나무가 존재하는 방법을 철학적으로 탐구한 프랑스 식물학자 자크 타상의 『나무처럼 생각하기』다. 김미숙 배우가 숲속 콘서트 형식으로 진행했다. CF 촬영 장소로 유명한 여주의 아름다운 정원 마임비전빌리지를 운영자가 특별히 우리에게 공개해 주었다. '아낌없이 주는 나무'를 표현하기에 딱 맞는 장소가 바로 여기였다.

"최소한 나무가 보여주는 대립 없는 공생, 즉 나무에게 매우 이로운 공생에 대해 숙고해 볼 필요는 있다. 나무의 이러한 협업 기능은 극에 달한 사회적 불평등과 과열 경쟁 그리고 과대평가된 개인주의의 시대를 사는 우리에게 영감을 줄 수 있을 것이다."*

잔나비 최정훈은 나무로 둘러싸인 작업실에서 영감의 원천을 얻는다고 한다. 그가 참나무와 밤나무, 상수리나무가 함께 어우러지는 숲의 산책길에서 부른 노래와 낭독은 시청자에게 반응이 좋았다. "나무나 숲이나 음악 모두 갈등을 일으키지 않고 누구나 좋아한다는 공통점을 가지고 있다"는 그의 말도 경쟁과 갈등에 지친 젊은 세대를 위로하기 충분했다.

안무가 모니카도 하루를 통째로 내어 남양주 물의 정원을 찾았다. 버드나무 군락에서 나무의 감정을 오랜 시간 춤으로 표현했다. "나무는 항상 저희들에게 이야기해요. 다 괜찮다고. 저는 그 얘기를 전달해 드리려고 합니다."

모니카는 스스로 나무가 되어, 나무의 몸짓으로 나무의 이야기를 들려주었다. 모니카의 열정에 제작진 모두 감동하고 말았다.

* 『나무처럼 생각하기』, 자크 타상 저, 구영옥 역, 더숲, 71쪽.

제6화는 '지구를 위한 밥상'이란 부제로 제시카 판조의 『저녁 식탁에서 지구를 생각하다』를 텍스트로 삼았다. 먹을거리는 역시 많은 이들의 관심이라 그런지 7편 중 최고 시청률이 나왔다. 탄소 발자국을 줄이는 밥상을 위한 노력을 담았다. 가능한 한 주위에서 나는 식재료를 쓰려는 셰프, 농약을 덜 쓰고 토종 품종을 지키려는 농부, 음식물쓰레기를 줄이기 위해 친환경 비료로 재활용하는 음식점 주인의 모습을 카메라에 담았다.

특히 대기업 CEO 출신 박용만 '(재)같이걷는길' 이사장의 식사 나눔 활동은 인상적이었다. 비만과 영양실조라는 지구상의 영양 불균형, 음식의 불평등을 해결하려는 노력은 시청자의 눈길을 끌었다. "우리는 모두 같은 나무에 달려 있는 열매거든요. 사회의 시스템과 법과 제도도 총체적으로 우리 사회를 구성하는 큰 나무의 뼈대와 줄기 속에 매달려 있잖아요. 그런데 한쪽은 많이 갖고 다른 한쪽은 많이 부족하다면 양극화를 어느 정도 해소하는 노력을 국가 전체적으로 해야 해요." 박용만 이사장은 우리가 자연의 일부처럼 서로 연결되어 있다고 강조했다.

『파란 하늘 빨간 지구』의 저자 조천호 교수는 한반도의 기후 위기는 식량 위기의 형태로 오게 될 것이라고 우려한다. "기후 위기는 문명 자체의 문제이기 때문에 우리가 걷는 길, 삶의 발판을 근본적으로 바꾸어야 한다"고 제안한다.

> "세계시민인 우리는 지금 기후변화와 팬데믹19, 정치적 격변
> 의 위험에 둘러싸인 중대한 시기를 맞고 있다. 소용돌이치는
> 혼돈 속에서 공평하고 건강하고 지속가능한 푸드 시스템을
> 갖출 기회를 잡는 것이 대단히 중요하지만, 그러려면 수준 높
> 은 과학이 그 어느 때보다 신속하게 정책에 반영되어야 할 것
> 이다."*

마지막 회차는 동네책방에서 낭독회 형식으로 진행했다. 배우 정
우와 함께 여러 회차에서 큰 활약을 한 김미숙 배우가 공동 진행을
맡았다. 김미숙은 본인이 진행하는 KBS 클래식 FM 〈김미숙의 가
정음악〉에서도 〈리딩쇼〉에서 방영된 책의 텍스트를 소개하는 등
적극적 역할을 마다하지 않았다. 가수 요조와 시인 나태주, 나무
칼럼니스트 고규홍과 대기과학자 조천호, 그리고 통영에서 지구
사랑을 실천하는 충렬여고 홍도순 교사가 참석했다.

부제는 '어느 멋진 날의 지구'로 이전 회차의 주요 구절을 읽고
그에 대해 토론하면서 지구를 구하기 위한 실천 방안을 모색했다.

* 『저녁식탁에서 지구를 생각하다』, 제시카 판조 저, 김희주 역, 사람in, 14쪽.

촬영 장소는 서울 강남에 자리한 '최인아 책방'이었는데, 이 밖에도 많은 동네책방에서 다양한 책 읽기 모임이 열리고 있었다. 제작진은 또 하나의 '지구를 살리는' 책 모임을 재현하고자 했다. 저자의 텍스트는 따로 또 같이 읽음으로써 목소리라는 '물성'이 생기게 되고, 이는 문자와 영상을 넘어 살아 있는 의미가 된다. 원저자의 텍스트는 시간과 장소의 한계를 넘어 오늘 우리에게 와서 다시 살아났다.

지구를 살리는 책 읽기

티브이가 더 이상 생활의 중심을 차지하지 않는 시대다. 〈리딩쇼〉도 기획 단계에서부터 시청자들이 다양한 플랫폼으로 접근 가능하도록 여러 가지 방안을 강구했다. 먼저 전국 독립서점 모임인 '동네책방 네트워크'와 관련 이벤트를 진행하기로 했다. "지구를 살리는 책 읽기"라는 주제로 전국의 책방지기들이 추천하는 환경 관련 책 30권을 선정했다. 물론 방송에 소개되는 책도 포함됐다. 책방지기들은 자신의 책방에 '〈리딩쇼〉 서가'를 마련해 책을 진열하고, 제작진은 이를 위한 포스터와 기념 씨앗 연필을 제작해 배포했다. 일회성 방영을 넘어 시청자들의 일상에서도 지구를 살리는 책 읽기가 지속되기를 기대하는 바람이었다.

또한 유튜브 채널에 맞는 콘텐츠를 제작해 〈리딩쇼〉가 다양한

．

플랫폼 이용자에게 다가갈 수 있게 만들었다. 이때 〈겨울서점〉 채널을 운영하는 북튜버 김겨울 작가와 협업을 시도했다. 촬영 장소는 환경 전문 동네책방 '꽃 피는 책', 소개할 책은 '지구를 살리는 책' 30권 중 방송에 나오지 않은 3권으로 정했다. 김겨울 작가는 탈성장을 말하는 책 중 가장 친절하고 알기 쉽게 쓰였다는 『적을수록 풍요롭다』(제이슨 히켈 저), 식생활의 변화로 환경과 건강을 추구하는 그림책 『나의 비거니즘 만화』(보선 글·그림), 기후 위기를 걱정하는 단계에서 실천 단계로 이끌기 위한 『기후변화, 이제는 감정적으로 이야기할 때』(레베카 헌틀리 저)를 조명했다.

> "기후변화에 대한 경각심까지는 없어도 (이를) 우려하는 사람들에게는 죄책감이나 수치심보다 자부심이나 동정심 같은 긍정적인 감정이 더 효과적일 수 있다."*

김겨울 작가와 협업한 콘텐츠를 홍보하기 위해 보도자료와 예고 동영상을 만들어 KBS가 보유한 소셜 네트워크 계정에 뿌리기도 했다. 유튜버와의 협업은 다양한 플랫폼에서 바이럴 효과를 기대할 수 있을 뿐 아니라, 현재 티브이 시청층이 노령 인구가 대부분인

* 『기후변화, 이제는 감정적으로 이야기할 때』, 레베카 헌틀리 저, 이민희 역, 양철북, 109쪽.

현실에서 시청자 다변화에도 도움이 된다고 판단했다. 이러한 시도는 이후 환경스페셜 제작진이 선보인 다른 대기획 프로그램의 홍보에도 활용되었다.

한편 셀럽이 책 내용 중 인상적인 구절을 낭독하는 장면을 따로 편집해 각 아파트 엘리베이터에 설치된 화면에 송출했다. 〈리딩쇼〉 방영 전후 10주에 걸쳐 매일 수십 차례 방영돼 프로그램의 인지도도 높이고, 시청자들이 '지구를 살리는 책 읽기'에 공감할 수 있도록 만들었다. KBS로서는 엘리베이터 티브이에 방영되는 콘텐츠 제공이 거의 처음이었는데 반응이 상당히 좋아서 이후 다른 팀에서도 이 업체와 콘텐츠 제휴를 했다.

셀럽들이 긴 구절을 낭독하는 장면은 카카오TV의 사회공헌 채널 '카카오같이가치'와도 제휴해 카카오TV나 다음 포털 이용자들이 볼 수 있도록 했다. 마음날씨 메뉴의 '힐링사운드'라는 코너인데, 여기에서 정우, 박지윤, 최정훈, 김미숙, 공승연, 윤도현 등이 〈리딩쇼〉에서 책을 읽었던 오디오를 들을 수 있다. 라디오에서는 〈김미숙의 가정음악〉 외에도 KBS 2FM 〈사랑하기 좋은 날 이금희입니다〉에서 일주일간 책 구절을 읽고 프로그램을 소개했다.

"KBS 〈100인의 리딩쇼 - 지구를 읽다〉에서 추천한 책 읽기입니다.

건강하고 지속 가능한 식단으로 가는 길은 결코 쉽지 않다. 지식과 의지와 인내력이 모두 필요하다. 하지만 누구든지, 우리 모두에게는, 자신과 가족과 공동체 그리고 이 지구를 위해 건강과 지속가능성을 개선할 기회가 있다. 제시카 판조가 쓴 책 『저녁 식탁에서 지구를 생각하다』에서 인용했습니다."

— 〈사랑하기 좋은 날 이금희입니다〉(2022.8.26.) 방송분 중

나에게 온 것들

프로그램을 진행하면서 여러 사람을 만나고 깨달은 건, 지구와 이웃을 지키기 위해 일상에서 다양한 방법으로 실천하는 사람들이 많다는 사실이었다. 바닷속 쓰레기를 청소하는 전문 다이버들, 사육하다 버려진 곰을 돌보는 활동가들, 버려진 나무를 활용해 수저를 만드는 목수, 채식을 실천하는 유튜버와 책방지기. 이들은 각자의 자리에서 삶을 변화시키고 환경을 가꾼다. 그리고 거대한 기후 위기에 대해 말하고 행동한다.

프로그램을 만들면서 자연스럽게 '지구를 살리는 책 30권' 등 기후 관련 서적을 많이 읽었다. 먹을거리 문제부터 거대한 경제 체제의 변화를 논하는 책, 자연의 아름다움과 그 속에서 찾은 삶의 충만함에 대한 글들은 필자의 일상에도 큰 영향을 주었다. 이 글에 인용한 구절은 이 책들을 읽으며 간간이 적어 놓은 메모들이다. 무

엇보다 다양한 동네책방을 알게 된 것도 큰 수확이었다. 동네책방을 통해 새로운 사람과 다양한 생각을 만날 수 있어 삶은 더 풍성해졌다.

일상생활에도 변화가 생겼다. 일단 자가용 사용을 최소한으로 줄였다. 출퇴근은 물론 주말에도 가급적 대중교통을 이용한다. 단백질 보충은 가급적 식물성으로 하는데, 굳이 고기를 먹어야 되면 닭-돼지-소 순서로. 소는 웬만하면 피한다. 소를 기르는 과정이 온실가스 악화에 매우 큰 영향을 주기 때문이다. 운동은 헬스장보다 자연 속에서 걷는 것이 정서적으로 더 좋다는 점도 알게 되었다. 흙과 풀과 나무를 느끼며 걷는 일은 일과가 되었고 그 길에서 만나는 새와 같은 동물에도 눈길이 간다.

이제는 기후변화를 온몸으로 느낀다. 내가 좋아하는 사과는 이제 강원도와 휴전선 부근에서 재배한다. 호우와 태풍, 폭염은 일상을 더 자주 위협한다. 북극과 남극의 빙하도, 히말라야 산맥의 빙설도 녹아내려 강물을 범람시키고 해수면을 상승시킨다. 바다는 더 뜨거워졌다. 그러나 기후 위기에 대해 정작 개인 차원의 노력을 넘어서는 정책적 전환은 이루어지지 않고 있다. 신재생 에너지에 과감히 투자해 탄소 발생을 획기적으로 줄여야 하지만, 아직 원전 중심의 논의 수준에 머물러 있다. 성장 위주의 경제 담론이 우리 사회를 지배하여 기업의 이윤 추구 활동에 무한한 자유를 보장하지만,

그로 인한 환경 파괴와 지구의 위기는 우선순위에서 밀려나 있다.

그러나 〈100인의 리딩쇼 - 지구를 읽다〉를 제작하면서 거대한 변화의 흐름을 느낄 수 있었다. 시청자와 시민들은 요구한다. 더 좋은 삶, 마음 편한 세상, 우리 아이들이 살아갈 수 있는 지속가능한 지구를. 퇴직을 얼마 안 남긴 나도 다시 계획한다. 좀 더 많이 걷기, 좀 더 많이 읽기, 이웃들과 좀 더 많이 이야기 나누기, 카메라를 생명의 움직임에 좀 더 많이 비추기.

> "중요한 것은 우리가 생명의 일부라는 점이다. 우리는 다른 생명에 기인하면서 동시에 다른 삶에 존재 가치를 부여할 수 있는 능력을 가지고 있다. 그래서 자연은 우리로 하여금 상호 의존적 현실, 즉 생명체들이 연결 관계에 있는 다른 생명체를 필연적으로 돕게 되어 있음을 일깨운다."*

* 『잃어버린 본성을 찾아서』, 스티븐 켈러트 저, 김형근 역, 글항아리, 190쪽.

100인의 리딩쇼 -
지구를 읽다

찻잔 속의 태풍이
아니었기를

전 TBS 강민아 피디

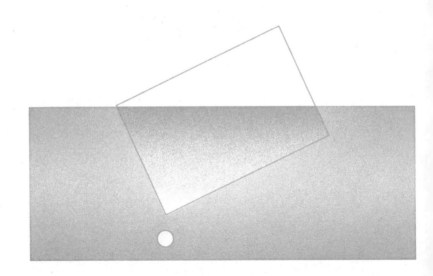

"기후 위기는 취약 계층을 더 고통스럽게 한다.
우리나라뿐만 아니라 전 세계적으로도
기후위기로 인한 빈곤층, 장애인, 고령층,
아이들의 피해가 제일 크다.

이들은 기후 위기의 공격을 스스로 막아내거나,
빠르게 대피할 힘이 없는 계층이다."

익숙한 기후 위기, 과연 다행일까

다행히 기후 위기라는 단어는 오늘, 우리 모두에게 익숙하다. 그 이유는 2022년 강남을 물바다로 만들어버린 수도권의 폭우 때문일 수도, 2023년 한반도를 관통한 태풍 '카눈' 때문일 수도, 아니면 매년 역대급 기록을 갈아치우는 폭염 때문일 수도 있다. 여러 기후 재난을 겪고 나서야 우리는 기후 위기의 심각성을 어느 정도 체감한 듯하다. 솔직히 말하면, 이게 정말 '다행'인지 헷갈린다.

'기후 위기'라는 단어가 아직 생소했던 시절, 'TBS에 티브이 채널도 있나요?'라는 질문이 익숙했던 케이블 채널의 피디는 기후 위기를 대중에 알리고 싶었다. 3년간 고군분투하며 제작한 기후 위기 전문 토크쇼 〈신박한 벙커〉와 기후 위기 특별기획 다큐멘터리 〈사계 2050, 서울Dystopia of Seoul〉 연출 후기를 여기에 살짝 풀어보려 한다. 왜 기후 위기라는 주제를 선택했는지, 프로그램은 어떻게 제작했는지, 그 이후에 무엇이 변했는지, 우리는 앞으로 무엇을 해야 하는지에 대해서 말이다.

「'기후 위기' 아이템, 정말 매주 할 수 있어?

〈신박한 벙커〉 시즌1 개편을 앞둔 2021년 여름, 대한민국은 코로나 19 이슈가 한창이었다. 특히 백신 접종이 본격적으로 시작되면서 백신 종류, 부작용, 접종 시기 등등에 전 국민의 관심사가 집중됐다. 그렇게 엄중한 코로나 시국에 기후 위기 아이템을, 그것도 매주 소개하겠다고 개편안을 제출했다. 개편 준비를 함께한 선후배 연출진, 작가, 데스크까지 같은 질문을 던졌다. '기후 위기' 아이템, 정말 매주 할 수 있겠냐는 질문이었다. 그러나 자신 있었다. 기후 위기는 오래된 개인적 관심사였기 때문에 얼마나 다양한 소재가 있는지 잘 알고 있었다.

기후 위기에 관심을 가지게 된 건 친구이자 탐험가인 제임스 후퍼 덕분이다. 제임스는 2006년 절친한 친구 롭 건틀렛과 에베레스트 정상에 오른 최연소 영국인이다. 에베레스트 등반에 성공한 두 친구는 2007년 무동력으로 북극에서 남극까지 일주하는 대장정, 폴투폴 탐험에도 성공했다. 두 친구의 모험을 이어가는 'ONE MILE CLOSER(원 마일 클로저)' 크루들의 도전 스토리가 독립 다큐멘터리 영화로 제작된 적이 있었다. 우리는 크라우드 펀딩으로 제작비를 모아 한 땀 한 땀 다큐멘터리를 만들었다. 나는 그 영상을 편집했고, 제임스와 롭의 탐험 영상에 담긴 대자연의 모습은 내 삶의 방향을 완전히 바꿔놓았다. 너무나 아름답고 고귀하고 거대하고 광활한 자연은, 위협적으로 빠른 속도로 무너지고 있었다.

두 친구의 출발지는 북극 그린란드였다. 그해에 북극 지역의 온도가 급격히 올라가는 바람에 북극 해빙은 빠르게 녹아내렸다. 그래서 그들이 계획했던 이동 수단인 스키나 썰매는 쓸 수 없었다. 수영으로 일부 구간을 이동해야만 했던 모습은 충격적이었다. 심지어 이동 중에 북극해 얼음이 깨지면서 북극 바다에 빠지는 사고까지 벌어졌다. 실제로 당시 북극은 역대 최고 기온을 갱신하고 있었다. 거칠게 녹화된 그 영상 기록을 본 순간 머리를 한 대 맞은 느낌이었다. 지구에 큰일이 났구나 싶었다. 그동안 내가 알고 있던 상식이 뒤틀리는 기분이었다. 북극은 더 이상 북극곰들이 거대한 얼음 위를 한가롭게 노니는 곳이 아니었다.

그 영상을 처음 봤을 때만 해도 지구온난화나 기후변화는 북극 지역에서 일어나는 심각한 사건 정도로만 생각했다. 지구 온도가 올라가는 일이 내 삶에 큰 영향을 미칠 거라는 생각은 하지 않았다. 하지만 가디언, 로이터 등에서 다루는 기후 관련 기사를 꾸준히 팔로우하면서 깨달았다. 우리 모두를 집어삼키고도 남을 거대한 파도가 저 멀리서 다가오고 있다는 걸 말이다.

그 원인은 너무나 명백하게도 인간이었다. 산업화 이후 넘쳐나는 풍요 속에서 조금이라도 더 편한 삶을 위해 끊임없이 소비한 탓이었다. 나또한 그 소비에서 자유롭지 못했다. 그렇다고 당장 모든 삶의 패턴을 바꿀 수 없었다. 우선 불필요한 소비를 줄이기로 했다. 과잉 소비는 과잉 생산을 유발하고, 엄청난 양의 폐기물로 쏟아지기 마련이다. 제일 먼저 소셜미디어 앱 사용을 줄였다. 스크롤을 내리다 왠지 모르게 '어머, 이건 사야 해' 같은 생각이 눈덩이처럼 커지면서 어느새 결제하는 나를 발견했다. 택배가 오면 박스를 쌓아둔 채 며칠 지나가는 것도 일쑤였다. 그렇게 불필요한 물건을 굳이 사고 있었다. 소셜미디어를 줄이니 불필요한 소비가 줄었다. 대용량 구매도 줄였다. 음식이든 물건이든 쌓아두면 처음엔 뿌듯하고 저렴하게 구매한 것 같아서 마음이 풍족했지만, 결국 다 먹지도 못하고 쓰지도 못했다. 그 후론 가까운 동네 마트에서 장을 보기 시작했다.

소비를 줄이는 것 외에도 개인이 실천할 수 있는 친환경적인 선택은 많다. 대중교통을 타거나, 육식을 줄이거나, 친환경 제품을 구매하고, 자원 순환에 적극 동참할 수 있다. 하지만 개인의 실천만으로는 전 지구적 문제를 근본적으로 바꿀 수는 없다. 산업 구조와 도시 인프라가 전반적으로 재편되지 않는다면 개인의 노력이 탄소 배출을 줄이는 데 큰 기여를 하기는 어려운 일이다.

우리나라는 여전히 탄소배출량이 높은 화석연료에 상당 부분 의존해 전기를 생산한다. 한국의 눈부신 성장에 기여한 철강, 자동차 등의 제조업 중심의 산업 구조는 필연적으로 '기후악당'이 될 수밖에 없는 한계가 있다. 기후 위기에 대한 개인적 관심사를 넘어서 우리나라도 기후 위기 대응에 앞장서야 한다는 일종의 사명감이 나에겐 있었다. 마침 공영방송 TBS에 합류하게 되어 생활 과학 프로그램이었던 〈신박한 벙커〉 리뉴얼 과정을 지켜보았다. 그렇게 지극히 개인적인 관심사였던 이 주제가, 기후 재난이 터졌던 2021년 여름, 마침내 티브이 프로그램으로 탄생했다.

우리나라에서 울리는 경고 시그널

안타깝지만 다행히도 기후 위기 아이템을 매주 다루는 것은 충분히 가능했다. 전 세계에서 기후 위기가 만들어내는 크고 작은 재난들이 여기저기에서 터지고 있었다. 2021년 당시 캐나다 브리티시컬럼비아주는 최고 기온 49도를 넘어가는 기록적인 폭염을 겪었고 인간의 힘으로는 진화할 수 없을 정도의 초대형 산불이 연달아 발생했다. 미국에서는 역대 5위에 버금가는 대형 허리케인이 동부를 강타했다. 뉴욕, 뉴저지 등 물난리로 잠겨버린 도시는 비상사태를 선포했다. 유럽에서는 독일과 벨기에 일대를 초토화시킨 1천

년 만의 대홍수가 일어났다. 한 달 치 강수량이 하루 만에 쏟아졌다. 중국 허난성에서도 1년 동안 내릴 비가 단 사흘 만에 쏟아졌다. 이 또한 1천 년 만의 대홍수였고 정저우 댐에 균열이 갈 정도로 물이 불어난 기록적인 폭우였다. 대홍수는 순식간에 집과 사람들을 덮쳐 수백 명의 목숨을 앗아갔다. 텍사스, 스페인, 인도네시아, 피지 등에서 이상 한파, 폭설, 대형 사이클론이 발생했다. 2021년은 역사상 가장 높은 지구 평균 기온이 관측, 역대 기록을 갈아치웠다. 극지방 빙하 붕괴, 무너지는 만년설, 산호초 멸종 위기 등등… 지구 곳곳에선 위기의 시그널이 요란하게 울리고 있었다.

뜨겁게 달아오른 지구 덕분에 기후 위기 전문 코너로 리뉴얼한 〈신박한 벙커〉도 성공적으로 자리 잡을 수 있었다. 내용에는 자신 있었지만 그때까지만 해도 기후 위기를 캐주얼하게 다루는 프로그램이 없었기에 큰 도전이기도 했다. 기후 위기를 좀 더 쉬운 내용으로, 시각적으로 보여주기 위해서 우리 팀은 치열하게 고민했다. 당시 선임 피디였던 성명주 선배와 안서희 피디, 안용성 피디와 함께 명절 연휴도 반납하고 옹기종기 모여서 실험 촬영을 준비하고, 밤새 녹화 자료를 준비하던 게 아직도 생생하다. 그 고생을 단번에 잊게 해준 건 바로 한국피디연합회의 '이달의 피디상'이었다.

매주 아이템을 찾을 수 있을까 고민했던 〈신박한 벙커〉는 국내에서 유일하게 매주 기후 위기를 주제를 다루는 티브이 토크 프로

슈퍼태풍, 가뭄, 산불, 대기오염
폭우, 폭설, 해수면 상승…
시민의 삶을 위협하는 기후위기!

기후위기 시대를
현명하게 살아가기 위한
국내 유일 기후위기 토크쇼
기후위기 작전상황실 신박한 벙커!

신박한 벙커에서 펼쳐지는
기후위기 생존 대작전 프로젝트

그램으로 성장했다. 시사프로그램 위주였던 TBS에서, 비시사 장르에서 괜찮은 성과를 낸 작품 중 하나이기도 했다. 제작진은 매주 기후 위기 이슈를 다루면서도 고민이 있었다. 저 멀리 지구 반대편에서 일어나는 초대형 재난에 시청자들이 얼마나 공감하고 경각심을 느낄 수 있을지, 어떤 메시지를 던지며 마무리할지에 대한 답을 내리기 힘들었다. 우리나라의 이야기가 필요했다.

프로그램에 출연한 전문가들은 우리나라도 이런 재난에서 결코 예외가 아니라고 입을 모아 이야기했다. 한반도에서도 극단적인 기후 재난, 예를 들면 기습적인 극한 폭우나 슈퍼 태풍, 가뭄과 산불의 위험이 커지고 있다고 경고했다. 한반도 주변 바다 온도가 다른 지역에 비해 빠르게 상승 중이고, 장마철에 비교적 골고루 내리던 강수량은 마치 동남아의 스콜처럼 쏟아지는 양상으로 나타나고 있다. 지구 곳곳에서 보이는 시그널이 한반도에서도 울리고 있었다.

전문가들의 예측이 마치 예언이 된 것처럼 국내에서도 재난이 터지기 시작했다. 2022년 3월, 역사상 가장 큰 산불이 울진-삼척을 삼켰다. 산불은 장장 9일 동안 서울 면적의 3분의 1을 태웠다. 원인이 무엇인지를 떠나, 산불이 퍼져나가는 이례적인 속도를 인간이 결코 따라잡을 수 없었다. 기후 위기로 인한 오랜 가뭄과 겨울철 이상 고온이 겹쳐 건조한 강풍과 마른 땅이 만들어낸 처참한 기후 재난이었다. 같은 해 8월, 그 누구도 예측하지 못했던, 기상청 관측 이래 시간당 강수량을 전부 갈아치운 기록적인 폭우가 한강 이남 지역을 덮쳤다. 믿을 수 없는 일이 서울 한복판에서 벌어졌고 모두가 충격에 빠졌다. 기후 위기는 더 이상 지구 반대편의 이야기가 아니었다.

기후 재난은 로컬을 덮친다

〈신박한 벙커〉를 제작하면서 알게 된 아주 흥미로운 프로젝트가 있었다. 글로벌 광고 기업인 AKQA가 기후 위기의 위험성을 알리기 위해 전 세계 주요 도시에서 시작한 '불확실한 사계Uncertain Four Seasons' 공연 프로젝트였다. 비발디의 '사계'는 산업화 이전의 망가지지 않은 사계절의 자연과 아름다운 모습을 그려낸 협주곡이다. 비발디 '사계' 원곡에 AI 작곡 기술로 기후변화 시나리오 데이터를 입력해서 2050년 버전의 '사계'를 탄생시켜 보았다. IPCC가 제공하는 기후변화 시나리오 중에서, 인간이 현재 추세대로 온실가스를 배출하는 RCP 8.5 시나리오였다. 즉 인간이 산업화 이후 그동안 살아온 것처럼 기후 위기 대응에 아무런 노력을 하지 않았을 때, 만나게 될 사계절을 음악으로 먼저 느껴보는 프로젝트였다.

이 프로젝트가 의미가 있었던 건 전 세계 도시별로 겪게 되는 기후 위기 양상을 다르게 나타낼 수 있다는 점이었다. 기후 위기는 모두를 위협하지만 피해 정도나 규모는 지역별로 천차만별이다. 그래서 피해를 겪은 사람과 겪지 않은 사람이 기후 위기를 받아들이는 온도 차이는 꽤 크다. 같은 나라 안에서도 마찬가지다. 다른 지역의 폭염이나, 물난리, 산불이 안타깝고 걱정이 되겠지만 그걸 겪어보지 않은 사람 입장에서 그 이상의 공감은 어렵다.

그런 의미에서 태평양 섬나라 마셜 제도의 2050년 버전, '사계 공연'은 큰 울림이었다. 지휘자와 연주자가 모두 모였지만 어떤 악기도 소리를 내지 않는 상황. 2050년의 마셜 제도는 해수면 상승으로 섬 자체가 사라지는 위기에 처했기 때문이다. 내가 이 프로젝트에서 느낀 울림처럼 음악으로 각 지역이 겪는 기후재난을 느끼고 공감할 수 있다면, 시청자에게 팩트를 전달하는 것보다 훨씬 더 큰 힘이 있을 거라는 확신이 들었다.

'불확실한 사계' 한국 프로젝트를 진행한 제작사, 임지영 바이올리니스트 등과 함께, 대한민국 수도 서울의 2050년 변화된 사계절을 음악과 이야기로 표현하고자 했다. 기후 위기 특별기획 〈사계 2050, 서울〉은 그렇게 시작됐다.

〈사계 2050, 서울〉 공연을 한 달 앞둔 2022년 8월 8일 저녁, 서울 한복판에 말 그대로 물폭탄이 떨어졌다. 퇴근길 내리던 여름비가 점점 거세지더니, 저녁 8시부터 한강 이남 지역 동작구, 강남구 등에 전례 없는 집중강우가 쏟아졌다. 이날은 기상청 관측 이래 시

간당 강우량을 갱신했다. 여름철 한 달 동안 내릴 비가 하루 만에 내린 것이다. 이날의 강우량은 서울시 배수 시스템 용량을 넘어서는 수준이었다. 현재 구축된 인프라로 감당할 수 없는 수준의 폭우가 덮쳤다.

상황이 심각해지자 사계 촬영팀과 성명주 선배가 급히 현장으로 달려나갔다. 그날 밤 영상에 담긴 서울은 아수라장 그 자체였다. 도로에는 수십 대의 침수 차들이 떠다니고, 물이 빠진 지역에선 대형차들이 나뒹굴고, 한쪽에선 맨홀을 뚫고 빗물이 솟구쳤다. 경찰차도 소방차도 구급차도 멈췄다. 도시 전체가 마비됐다. 시민들은 대한민국 수도 한복판에서 벌어진 물난리에 충격이 컸다. 실시간으로 상황을 전달받던 나 역시 너무 두려웠다. 지구 반대편에서 일어나는 일들이 언젠가는 우리 이야기가 될 거라고 어렴풋이 상상했지만, 그 일이 눈앞에서 더 처참한 모습으로 다가오니 두려움이 엄습했다.

다음 날, 날이 밝자마자 다시 현장을 찾았다. 불어난 한강물은 금방이라도 덮칠 것 같은 기세로 흐르고 있었다. 물에 휩쓸려 떠내려가는 부유물을 물에 홀딱 젖은 새들이 간신히 붙잡고 있었다. 한강공원은 그 존재조차 없었던 것처럼 통째로 잠겨버렸다. 하루 만에 내가 알던 세상이 진흙탕으로 뒤덮였다. 극한 기후 재난은 이렇게 순식간에 삶을 위협한다. 단 하룻밤 사이에 벌어지고 마는 재앙을 막기 위해서는 수천억의 막대한 인프라가 필요한 상황이었다. 인류가 초래한 기후 위기가 인류의 존재와 경제 구조를 뒤흔들고 있었다.

　인명 피해가 발생한 신림동 반지하 밀집지역의 모습은 더 처참했다. 하룻밤의 물난리가 지역 전체의 삶을 집어삼켰다. 몇 주가 지나도 복구는 어려웠다. 물에 젖은 가구들이 길거리에 쌓여 있었다. 평생을 모아 간신히 빌라 한 채를 지은 집주인도 텅텅 빈 지하방들을 보며 하염없이 눈물만 흘렸다. 하늘을 탓해도 돌아오는 것은 없었다.

　외신들도 신림동에 주목했다. 영화 〈기생충〉의 'Banjiha' 물난리가 실제로 일어난 것을 집중 조명했다. 서울처럼 집값이 비싼 인구 밀집지역에 폭우가 내리면 가장 낮은 곳의 피해가 가장 클 수밖에 없다. 뉴욕을 강타한 허리케인 아이다로 인한 인명 피해도 대부분 지하에서 발생했으니 말이다.

　이런 상황에서 우리는 '기후정의'를 말하지 않을 수 없다. 기후 위기는 취약계층을 더 고통스럽게 한다. 우리나라뿐만 아니라 전 세계적으로도 기후 위기로 인한 빈곤층, 장애인, 고령층, 아이들의 피해가 제일 크다. 이는 기후 위기의 공격을 스스로 막아내거나, 빠르게 대피할 힘이 없는 계층이다. 제도와 정책의 보완을 통해 그들이 기후재난에서 안전하게 생존할 수 있는 방법을 마련해야 한다. 개인의 힘으로는 절대 이 거대한 기후재앙을 막아낼 수 없기 때문이다.

기후정의는 국가 내에서도 필요하지만 전 세계적으로도 기후 위기 대응과 적응에 있어서 핵심적인 가치다. 막대한 이산화탄소 배출로 빠르게 성장한 지금의 선진국들은 기후 위기에 대한 책임이 상대적으로 크다. 하지만 기후 재난으로 인한 피해는 이제 막 성장하는 개발도상국에서 훨씬 더 크고 처참하게 발생한다. 구멍 뚫린 하늘만 올려다보며 원망할 문제가 아니다. 이산화탄소 배출에 책임이 있는 나라들이 책임감 있는 태도를 보여야만 한다. 한국도 예외는 아니다.

달라진 서울의 사계절을 그려낸 2050년 버전의 달라진 사계 음악과, 석탄 화력 발전을 밑거름 삼아 빠르게 선진국 반열에 오른 대한민국의 이야기는 꽤 잘 어울렸다. 어려운 기후 위기 이야기를 모두가 알고 있는 비발디의 음악으로 풀어내니 시청자들의 공감을 얻을 수 있었다. 그중에서도 오랫동안 이 분야에 몸담았던 전문가들의 진심 어린 감상평을 보니 너무 뿌듯했다. 몇십 년 연구한 내용을 발표하는 것보다 사람들에게 이 다큐멘터리를 보여주는 것이 기후 위기를 더 잘 알릴 수 있을 것이라는 찬사도 받았다.

그러나 안타깝게도 국내에서는 대중에게 주목을 받지 못했다. 하지만 국내외 수상으로 위로를 받았다. 특히 매년 9월, 기후 주간에 미국 뉴욕에서 열리는 시상식에 참석할 수 있어 영광이었다. 국제 기후 위기 저널리즘 어워즈인 2023년 커버링 클라이메이트 나우 저널리즘 어워즈2023 Covering Climate Now Journalism Awards에서 국내 방송사 최초로 올해의 다큐멘터리상을 수상하기도 했다.

시상식을 주관하는 커버링 클라이메이트 나우Covering Climate Now는 영국 가디언지와 컬럼비아 저널리즘 리뷰 등이 공동으로 설립한 국제 기후 위기 저널리즘 기구다. 로이터, 블룸버그, CBS, PBS, 알 자지라 등 전 세계 500여개 매체가 파트너사로 활동하는 중이다. TBS는 현재 국내 방송사 중에서는 유일하게 파트너사로 활동 중이다. 시상식 이후 열린 저널리즘 컨퍼런스에서는 각 매체들이 '기후 위기'라는 주제에서만큼은 서로 정보를 공유하고 적극 토론하고 취재에 협업하고 아이디어를 나누는 분위기였다. 기후 위기에 대해 기자, 피디, 촬영감독 등 모든 언론인이 힘을 합쳐서 더 큰 목소리를 내야만 세상을 바꿀 수 있다고 믿는 전 세계 언론인들이 모인 자리였다.

비록 서울의 작은 공영방송사였지만, 그들은 열린 마음으로 우리 작품에 박수를 보냈다. 기후 위기가 로컬을 어떻게 위협하는지 내용을 잘 담아냈고, 그 이야기를 음악과 함께 풀어냈다는 점에서 높은 평가를 받았다. 타지에서 받는 위로의 온도는 꽤나 따뜻했다. 그들이 주목한 '로컬'의 의미에 대해 깊이 생각해보게 되었다.

보통 '기후 위기'라는 어젠다를 다룰 때는 모두 큰 틀에서 생각하는 경향이 있다. 나 또한 그랬듯 전 세계에서 벌어지는 거대한 재난과 북극, 남극, 아마존 등 상징적인 그림들을 먼저 떠올린다. 이제는 그 프레임을 좁혀서 우리가 살고 있는 지역의 이야기를 풀어낼 단계에 와 있다. 기후 재난이 우리 삶을 본격적으로 침범하기 시작했다. 특히 단시간에 국지적으로 피해가 일어나기 때문에 달라지는 기후에 적응할 준비가 되었는지 살펴보는 일은 생존과 바로 직결되기도 한다. 기후 위기 시대에 지역 방송이 중요한 이유다.

끊임없이 '기후 위기'를 떠들어야 하는 이유

기후 위기 프로그램을 매주 제작하면서 국내외 전문가들을 만났다. 그분들께 진심으로 물었던 질문은 두 가지였다. 사람들은 왜 기후 위기에 관심을 가지지 않는 건지, 기후 위기를 해결하기 위해서 우리는 무엇을 해야 하는지…. 이것은 솔직히 말하면 짓궂은 질문이다. 전문가들도 한 번에 답하기 어려운 내용일 테니까. 개별 사안에 대해서는 전문가들의 의견이 달랐지만 큰 틀에서는 같은 의견이었다.

기후 위기는 그 원인과 결과의 과정이 너무 복잡하고 어려워서 직관적으로 이해하기 힘들기 때문에 사람들이 관심을 가지기엔 담론이 거대하다는 것. 그 연장선상에서 기후 위기를 '해결'하는 데 너무 다양한 방법과 이해관계가 있어 하나의 솔루션을 명확하게 제시하기 어렵다는 것이다. '오존층'을 예로 보면 '프레온 가스 사용 금지'라는 명확한 해법이 있었기 때문에 사람들은 직관적으로 이해하고 공감하고 실천할 수 있었다. 하지만 기후 위기는 화석연료 사용을 포함한 인간의 다양한 활동들이 직간접적으로 영향을 미치기 때문에 원인과 솔루션을 간결하게 제시하기가 어렵다. 그 간극을 교묘하게 파고드는 세력이 기후 위기 부정론자, 바로 음모론자들이다. 그들은 어려운 기후 용어와 지구의 물리 현상을 예로 들면서 현재 지구에서 일어나는 재난들을 자연스러운 지구 과학적 현상이라고 설명한다. 그러나 이제는 과학자들도 적극적으로 나서서 위기를 알리고 있다.

2021년 대형 산불에 이어 홍수와 산사태로 큰 피해를 입은 캐나다 브리티시컬럼비아주에 위치한 브리티시컬럼비아 대학교 기후학 교수 사이먼 도너는 온라인으로 진행된 인터뷰에서 이렇게 답했다. 탄소 배출과 소비를 줄이는 개인의 실천은 물론 중요하다. 하지만 그보다 훨씬 즉각적이고 큰 변화를 얻을 수 있는 방법은 기후 위기에 적극 나서는 오피니언 리더들을 지지해서 기후 위기가 메인 어젠다가 되도록 만드는 것이라고 말이다. 나 역시 사이먼 교수의 의견에 동의한다. 기후 위기라는 주제를 대중이 많이 이야기하고, 익숙해져서 사회의 주요 담론으로 확장시키는 것이 가장 중

요한 일이다. 오피니언 리더들은 대중의 주요 담론을 무시하기가
어렵다.

　기후 위기 시대, 언론이 무엇을 해야 하는지 묻는다면 끊임없
이 떠드는 것이라고 말하고 싶다. 아직은 무겁기만 한 기후 위기라
는 주제가 언젠가는 누구나 편하게 꺼내고 이야기할 수 있는 담론
이 되기를 바란다. 대중에게 기후 위기를 주요 담론으로 끌어올리
기 위해서는 무엇보다 공영방송의 역할이 중요하다. TBS에서 기
후 위기라는 주제를 몇 년 간 전문적으로 다루며 연출할 수 있었던
건 TBS가 지역공영방송이기에 가능한 일이었다. 기후 위기는 우
리 삶을 이루고 있는 기존 인프라 체제와 풍요로운 소비를 개선하
지 않으면 해결하기 힘들다. 정책과 관행에 대한 뼈아픈 성찰과 비
판도 필요하다. 그렇기 때문에 광고주나 특정 세력의 압박에서 자
유로운 공영방송만이 기후 위기 주제를 더 깊이 있게 다룰 수 있었
다. 공영방송은 사회의 메인 어젠다를 세팅할 수 있는 힘이 있다.
아직도 그 힘이 남아 있다고 믿기에, 이 주제를 조금 더 자주, 더 다
양한 포맷으로 이야기하고 떠든다면 기후 위기가 사회 주요 담론
으로 자리 잡을 수 있을 거라고 생각한다.

　이 공간을 빌려 '기후 위기 프로젝트'를 이끌어주신 선후배 제
작진 모두에게 깊은 감사를 드리고 싶다. 넉넉하지 않은 출연료에
도 흔쾌히 기후 위기를 알리는 데 뜻을 함께해 준 진행자들과 출연

자, 교수님들, 지방에서도, 외국에서도 바쁜 일정에도 어떻게든 나와 주시려고 했던 수많은 전문가들의 도움이 없었다면 프로그램을 제작할 수 없었을 것이다.[*]

기후 위기는 미래세대뿐만 아니라 우리를 위협한다. 뜨겁게 달궈지는 지구 온도를 낮출 수 있는 방안을 모색하면서, 달라진 기후에 안전하게 적응해야만 한다. 지금까지 우리가 살아온 패턴을 지키면서 지구를 지키는 것은 아주 어려운 일 수도 있다. 그렇기에 기후 위기 해법을 찾기 위한 건설적인 토론과 자유로운 대화를 할 수 있는 기회가 많아져야 한다고 생각한다. 그 과정에서 정말 피, 땀, 눈물 흘리며 TBS 선후배들과 제작한 〈신박한 벙커〉 〈사계 2050, 서울〉 〈기후클래스〉 콘텐츠가 시청자들에게 조금이라도 보탬이 되었기를 바란다. 우리의 노력이 '찻잔 속의 태풍'이 되지 않았기를.

[*] TBS 김학새 팀장님을 포함, 특히 기후콘텐츠를 만드는 데 물심양면으로 도와주시고 응원, 자문를 맡아주셨던 전의찬 선생님께는 더 큰 마음을 담아 감사드린다.

청취자와 함께
울리는 북소리

〈오늘의 기후〉 제작 일지

OBS 노광준 피디

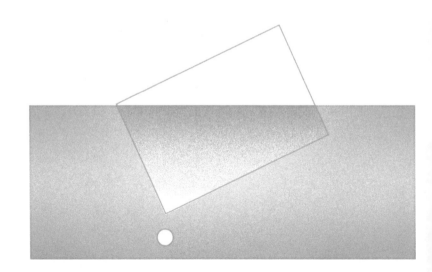

"그저 북극곰 일인 줄만 알았지.
근데 우리 일이었어.
기후변화 말이야."

불과 몇 해 전까지만 해도 나는, 기후변화는 많이 배우고 여유로운 이들의 사치품이라고 생각했다. 북극곰이 힘들다고? 나도 힘들다고 답했다. 그랬던 내가 지금은 1년 365일 기후변화만 다루는 데일리 라디오 프로그램을 만들고 있다. 오디션을 통해 전문 DJ를 발굴하기도 했다. 이 엄청난 변화가 언제부터 시작됐고 어떻게 지금에 이르게 되었는지 일기 형태로 기억을 거슬러 올라가 보려고 한다.

| 2023년 7월 19일 수요일 |

꿈같은 일이다. 방송 시작 넉 달만에 '이달의 피디상'이라니…. 엄밀히 따지면 우리가 받은 상은 2023년 5월에 방송된 내용으로, 3월 31일 첫 방송을 시작한 지 두 달 만에 받게 되었다. 꿈인지 생시인지 잠시 멍한 순간 직접 상을 들고 방송국을 찾아온 김종일 피디

연합 회장님의 한마디가 정신을 깨운다.

"격려 차원에서 주는 상이 아닙니다. 한 번도 그렇게 드린 적
 이 없어요. 정확하게 피디 심사위원들이 매긴 점수대로, 받을
 만하니까 드리는 겁니다."

정말 상을 받는구나…. 만감이 교차했다. 가장 먼저 떠오른 것은 지
난 겨울 이 방송을 준비하던 우리에게 무척 조심스럽게 질문하시
던 선배들의 걱정스러운 표정이다.

"기후변화 주제로 매일 한 시간? 아이템이 돼?"

방송 선배들뿐 아니라 기후 환경 분야 연구자나 활동가들도 걱정
을 많이 하셨다.

"이왕 시작하시는 거 잘 되셔야 할텐데…"

일리 있는 걱정들이다. 그동안 기후 문제가 심각하다고 여기면서
도 방송국이 선뜻 기후변화를 정규프로그램으로 편성하지 못하는
데에는 그럴 만한 이유가 있었다.

기후변화하면 뭐가 먼저 떠오를까? 제일 먼저 재난이 떠오른다. 해일이 몰려오고 타는 듯한 가뭄으로 말라죽는…. 다음으로 딱딱한 숫자와 알 수 없는 영문 약자가 떠오른다. IPCC, 1.5도, 티핑포인트, NDC… 그리고 숱한 잔소리들. 고기 덜 먹어라, 차 적게 몰자, 전기 덜 쓰고 일회용품 좀 그만 써…. 이처럼 무섭고 어렵고 잔소리 그득한 이야기를 매일 한 시간씩 찾아 들을 사람이 몇이나 되겠냐는 게 걱정의 요체였다. 맞는 말이다. 그러나 우린 자신 있었다. 아이템이 되느냐는 질문에 이렇게 답했다.

"기후 아이템? 엄~청나죠."

오늘의 기후는 어느 날 갑자기 짠하고 만들어진 프로그램이 아니다. 지난 3년간의 풍찬노숙, 그 외롭고 불안한 밤하늘을 혼자 우두커니 바라보며 컴컴한 어둠 속에서 밝게 빛나는 별 하나를 찾아보려고 아등바등하던 시간의 산물이다. 3년 전의 일이다.

2020년 3월 30일 밤 12시

방송국이 사라졌다. 매일 다니던 방송국. 개국 이후 23년 동안 단 1초도 멈추지 않고 24시간 방송해온 나의 방송국, 경기방송이 사라졌다. FM 99.9 주파수를 통해 방송된 마지막 멘트는 이랬다.

"잠시 후 자정을 알려드립니다."

자정은 하루의 끝이자 또 다른 하루의 시작이었다. 그러나 FM 99.9는 그날 이후 잡음 하나 들리지 않는 무음의 공간에서 잠을 자기 시작했다. 남은 나는 눈물조차 흐르지 않았다. 드라마에서 하정우 씨가 이런 말을 한 적이 있다. 부모님이 돌아가셨는데 장남인 자신은 눈물도 나오지 않았다고. 남은 동생들 데리고 살아갈 걱정에…. 100% 동감한다. 그때 내 나이 50이었다. 대학생인 자녀와 대학생이 될 자녀가 있었다. 평소에도 신통치 않은 장남이자 가장이었다. 앞으로 뭘 하며 살아야 할지 막막했다. 다시 방송국이 만들어지려면 적어도 2~3년은 족히 걸릴 텐데. 그때 방송국에 입사원서를 내는 내 나이는 53세 정도 될 텐데, 과연 뽑아줄까? 부담스러운 나이 아닌가? 걱정이 꼬리에 꼬리를 물었다. 그렇게 프리랜서 포함 100여 명에 가까운 방송인들이 풍찬노숙을 시작했고 어둡고 긴 터널이 우릴 기다리고 있었다.

공공기관 입사원서를 준비하는데 너무 힘들었다. 가장 애를 먹이는 것은 그동안 걸어온 과정을 증명하는 절차였다. 나는 공영방송 자회사의 프리랜서 작가로 방송 일을 시작했다. 프리랜서 에프디로 촬영을 거들다가 사수(피디님)의 제안으로 구성작가가 됐다. 정말 열심히 일했다. 전국 곳곳의 농촌지역 사전 답사는 물론, 3박

4일간 계속되는 촬영 현장에도 함께했다. 촬영 후에는 편집실에서 밤새 대본을 썼다.

그렇게 꼬박 3년을 일했는데, 그 증빙서류를 찾을 길이 없는 거다. 자회사 프리랜서인데다 22년 전 일이어서 도무지 기록이 없다고 했다. 서글펐다. 화가 나기도 했다. 마침 내 딱한 사연을 들은 그 공영방송 피디님 한 분이 사내 아카이빙 자료를 틈틈이 검색해 마침내 내 흔적을 찾아주셨다. 방송이 끝날 무렵 스크롤 자막으로 올라가던 내 이름, '구성 노광준'. 그 장면 몇 컷을 찍어 보내주셨다. 뛸 듯이 기뻤다.

그렇게 준비한 입사원서였지만 결국 떨어졌다. 이후에도 몇 차례 최종면접까지 올라갔지만 번번이 떨어졌다. 세상의 쓴맛 단맛을 겪으면서 긴 터널을 걷고 있었다. 도대체 뭘 해야 할까. 인생의 새 항로를 찾는 일이 쉽지 않았다.

2020년 12월의 겨울밤

그 무렵 '기후'로부터 첫 번째 교신이 왔다. 존경하는 선배님이 보낸 한 통의 문자였다.

"기후 위기 다큐 영화 추천: 〈대지에 입맞춤을〉, 넷플릭스"

기후 위기 다큐멘터리를 보라고? 가볍게 무시했다. '내 처지에 기후는 무슨…. 지금 북극곰 걱정할 때인가?' 그런 마음이었다. 그런데 며칠 뒤 또 교신이 왔다.

"봤니?"

이런, 도무지 안 볼 재간이 없었다. 조만간 그 선배 얼굴을 뵐 예정이었기에, 사회생활 차원에서라도 볼 수밖에 없었다.

〈Kiss the Ground〉, 우리말 제목 〈대지에 입맞춤을〉.

그런데 놀라운 일이 벌어졌다. 억지로 다큐멘터리를 보기 시작했는데 한 10분쯤 보다가 부엌에 있는 아내를 불렀다. 같이 보자고. 예상 외로 흥미진진했다. 우리 부부는 끝까지 몰입해 다큐를 봤고, 아내는 밥을 먹으면서 아이들에게 말했다. 나중에 시험 끝나고 이 다큐 영화 보면 좋겠다고. 내용은 이러했다. 산업혁명 이후 과도하게 배출된 탄소가 오늘의 기후 위기를 불러일으키고 있다. 그런데 탄소를 흡수해 저장할 무기가 바로 우리가 발 딛고 있는 토양이라는 것이다. 토양은 엄청난 양의 탄소를 흡수해 저장하는 거대한 탄소 창고이며 앞으로 토양을 어떻게 다루냐에 따라 지구의 미래가 달라질 수 있다는 것이다. 물론 학자들 사이에서 토양의 탄소격리 능력에 대해 여러 견해가 있는 게 사실이다. 그러나 다큐멘터리가 준 교훈은 심플하면서도 강력했다.

'기후 문제는 북극곰이 아니라 바로 나의 일이었다.'

나는 토양학도였다. 대학원 시절 토양학을 전공하며 폐광산 주변 토양과 물의 중금속 오염도를 측정해 논문을 썼다

'왜 몰랐을까? 내 전공 토양이 기후 위기의 무기라는 사실을.'

이 질문 하나가 운명을 바꿨다. 파랑새는 곁에 있다는 말처럼. 기후 위기를 극복해 나갈 무기들은 보이지도 않는 거대담론이 아니라 바로 내 발 밑에 있었다. 그런 토양을 전공하기까지 했는데 왜 몰랐을까. 내 옆에 있는 사람들은 왜 그런 사실을 모른 채 그저 북극곰의 일로만 치부할까? 그 대목에서 나의 존재 가치가 떠올랐다.

'맞아, 나 언론인이었지. 농화학과 토양학을 전공한, 농업과 농촌을 사랑하는…'

그동안 나는 인생이모작의 행보를 내가 잘 할 수 있는 것, 즉 사회가 필요로 하는 가치에서 찾아왔다. 그런데 도무지 내가 잘 할 수 있는 게 없어보였다. 특히 20년간의 라디오 방송국 경력, 그전의 토양학, 농화학, 이게 미래 사회에서 무슨 가치가 있을까? 간단히 부정해 버렸고 다른 일을 찾았다. 그런데, '기후'라는 이름의 렌즈를 끼고 세상을 보니 별 볼 일 없어보이던 지난날이 다시 보였다. 기후 위기를 일으키는 탄소 덩어리를 흡수해 땅에 저장하는 나무와 풀, 토양, 그리고 자연을 지키는 데 도움이 되는 친환경 식생활, 식량안보에 대한 인식과 인맥, 이러한 삶의 화두를 간단명료하면서도 와 닿게 풀어나가는 '스토리텔링' 능력. 그걸 할 수 있는 사람이 나였다. 기후 위기 대응이라는 목표 아래 내 경력은 쓸모없는 헛짓거리가 아니라 계속 이어가야 할 소중한 자산이었다.

> "찾았다. 2050년 탄소중립까지 30년간 즐겁게 몰입해서 할 수 있는 일."

나는 기후 위기에 대해 아무것도 모르는 초년병이었지만, 그래서 당장 기후 방송을 엄두도 못 내는 위치에 있었지만, 스타트 시점을 당장이 아닌 향후 30년간의 긴 여정으로 놓고 봤을 때 자신이 있었다. 무엇보다 오래달리기에 자신 있었고 새벽에 일찍 일어나는 아

246

침형 인간이었고 방송국에서 20년간 마르고 닳도록 국내외 기사를 스크랩해 보기 좋게 요약, 압축하는 일을 해왔기에.

우선 기후 전문 방송인이 되기 위한 공부를 치열하게 시작했다. 일터로 나가기 전 새벽 5시 반에 일어나 전 세계 기후 기사를 스크랩부터 할 것.

2021년 1월 1일 새벽 5시 반

목표가 생기면 바로 실행해야 직성이 풀린다. 그런데 기후 관련 기사 스크랩, 너무 흥미진진했다. 기후가 이렇게 우리 일상의 다양한 곳에 영향을 미치고 있었다니…. 영국의 〈가디언〉과 미국의 〈NPR〉, 그리고 국내 기사들의 목록은 이러했다.

[에너지] 혹독한 겨울이 풍력발전의 성수기, 풍력발전으로 영국 전체 전력믹스의 40%를 생산하는 신기록 작성

[관광] 늦여름 기온 상승으로 여름휴가 성수기를 옮겨야 한다는 스페인 연구자들의 논문 발표됨

[농업] 영국으로 수입되는 닭고기 생산용 콩 중 100만 톤 이상이 남미의 산림벌채와 관련되었다는 조사결과

[농업] 한국의 농정 당국은 커져가는 이상기후 피해에 농작물 재해보험 개선 추진

[정책] 미국 바이든 인수위, 내무-에너지-환경-백악관을 포괄하는 '기후에너지 부서' 신설 발표, '기후 위기를 수백만 개 좋은 일자리 창출과 경제 회복 기회로 만들 것'

[기업] SK그룹, 한국 첫 'RE100'(재생에너지 100% 기업) 가입 확정

정부 정책부터 에너지, 여가생활, 기업 활동까지 이어지는 기후 이슈들. 나는 꼬리에 꼬리를 물고 이어지는 기후 스크랩의 제목을 〈오늘의 기후〉라고 지었다. 오늘의 날씨를 매일 검색하듯 오늘의 기후 이슈를 흥미진진하게 검색하는 시대가 곧 올 거라는 예감이 들었기 때문이다. 부제는 이렇게 적었다. 위기를 기회로.

2021년 2월 26일 금요일

꾸준히 이어지던 기후 스크랩은 어느새 기사 작성으로 이어졌다. 아는 만큼 보이고 보이는 만큼 느낀다는 말도 있듯 기후 기사를 매일 관찰하니 흐름이 읽혔고, 조금 더 파고 들어가고 싶은 소재도 눈

에 띄었다. 그중 하나가 물티슈였다.

　물티슈의 소재는 폴리에스테르라는 플라스틱 계열 합성섬유다. 잘 분해되지 않아 하수구 막힘의 원인이 되기도 하고 대부분의 플라스틱 제품이 그러하듯 환경에 큰 부담을 주는, 순환되지 않는 필요악이다. 아는 사람은 아는 공공연한 팩트이다. 그런데 나는 왜 이 사실을 몰랐을까? 물티슈가 플라스틱이라는 사실을. 나만 몰랐던 게 아닌 것 같다. 경기도가 2021년 1월에 발표한 경기도민 1천 명을 대상으로 한 〈물티슈 사용실태 및 인식 조사결과〉에 따르면, 물티슈의 원재료가 뭔지 정확히 아는 사람은 35%에 불과했다. 잘 모르겠다는 사람이 44%였고 천연펄프나 천연섬유라고 알고 있는 사람의 비율도 20%에 달했다.

　바로 이 대목에서 기사를 쓰기 시작했다. 왜 물티슈가 플라스틱인지 몰랐을까? 기사의 핵심 질문이었다. 그 이유를 찾기 위해 우리 동네 편의점으로 갔다. 쭈그려 앉아서 물티슈에 붙어 있는 상품 설명을 자세히 들여다봤다. 한 제품을 들여다 본 뒤 또 다른 회사의 제품을 들여다봤다. 한 편의점에서 서너 종류의 물티슈를 관찰한 뒤 혹시나 싶어 다른 편의점에 가서 그곳의 물티슈를 살펴보았다. 대형 마트도 가보았다. 편의점 2곳과 중대형 마트 2곳에서 파는 물티슈 20종류를 살펴봤다. 공통점이 있었다. 자사 제품의 원단 재질이 플라스틱 계열임을 명시한 물티슈 제품이 거의 없었다. 20종 중 14종이 원단 재질에 대한 설명이 전혀 없었다. 나머지 6종은 설명이 있었지만 구체적으로 뭘로 만들었는지 표현하는 대신 '순면감촉', '천연펄프가 함유된' 이런 식으로 애매모호하고 추상적인 '친환경' 느낌을 강조하고 있었다.

- 물티슈 A: 짱짱하고 도톰한 재질
- 물티슈 B: 순면 감촉의 원단
- 물티슈 C: 부드럽고 도톰해 깨끗이 닦이는 원단
- 물티슈 D: 천연펄프 함유
- 물티슈 E: 천연펄프가 함유된
- 물티슈 F: 순면 감촉의 원단

이런 문구만 써 있는데, 물티슈가 플라스틱 재질임을 알 수 있을까? 동네 편의점을 돌아다니며 조사한 결과를 가지고 기사를 써서 시민기자로서 〈오마이뉴스〉에 송고했다. 이제와 생각해 보니 기업의 친환경 분장술을 뜻하는 '그린워싱'에 관한 기사였던 것 같다. 놀라운 일이 벌어졌다. 내가 쓴 기사가 다음 포털 가장 많이 본 기사 중 하나로 올라간 거다. 사회면 기사였고 댓글만 410개가 달렸다. 악성 댓글은 거의 없었고 나도 몰랐다는 공감 댓글과 이런 기사 많이 써달라는 격려 댓글이 대부분이었다. 특히 20대와 30대들이 이 기사를 가장 많이 본 것으로 나왔다. 그중에는 우리 딸도 있었다. 아빠의 실직으로 큰 충격을 받았던 딸이 포털에서 아빠 기사 봤다며 신기해했다. "아빠 아직 안 죽었어…." 오랜만에 미안한 감정을 딛고 농담 한마디 던질 수 있었다. 내 방식대로의 기후저널리즘이 날갯짓을 시작했다.

2022년 8월 3일 수요일

반가운 소식이 들어왔다. 그동안 시민기자로서 기후 기사를 연재해 온 〈오마이뉴스〉에서 '올해의 뉴스게릴라상'을 주신다는 소식이었다. 상은 넘치는 영광이었지만 사실 기사를 써온 과정 하나하나가 나에게는 큰 상이었다. 그만큼 배운 게 많다는 뜻이다. 2021년 2월부터 이듬해인 2022년 8월까지 39건의 기후 기사를 썼다. 그 과정에서, 그리고 기사의 조회 수와 공감 수, 댓글 등의 반응을 살피면서 큰 선물을 얻었다. 바로 '기후 렌즈'였다.

　기사를 쓰면 잘 쓰든 못 쓰든 그 순간부터 모든 사물이 '기삿거리'로 보인다. 기후 기사만 쓰겠다고 작심했기에 모든 사물이 '기후'와 연관되어 보였다. 그런데 '기후변화'가 워낙 광범위하고 다양한 분야에 영향을 미치고 있기에 '기후'라는 이름의 렌즈를 끼고 세상을 봐도 결코 편협하게 보이지 않았다. 오히려 무심코 지나는 일상 하나하나가 달리 보였다.

가장 많은 조회 수를 기록한 '꿀벌 실종 사건'만 해도 그렇다. 봄이 되면 어디선가 나타나 꿀을 빨던 꿀벌들이 어느 날 갑자기 대량으로 실종됐다. 전남에서도 경남에서도 충남을 거쳐 경기 지역까지 전국 곳곳에서. 그런데 아무도 그 정확한 원인을 모른다. 누구는 농약 때문이라고 하고 누구는 기후변화 때문이라 하고 누구는 병충해 창궐이라고 하는데 도대체 어떤 메커니즘이 종합적으로 영향을 미쳤는지 설명이 잘 되지 않았다. 전대미문의 미스터리가 발생한 것이다. 더구나 벌이 사라지면 지구가 멸망한다는 워딩까지 덧붙여지며 사람들의 관심이 더해졌다. 여기서 더 파고 들어가면 꿀벌에게 꿀을 주는 밀원식물의 문제까지 나온다. 그 유명한 '아까시 나무' 유해논쟁으로까지 이어진다. 이처럼 모든 것이 꼬리에 꼬리를 무는 기후 렌즈였다.

대중문화와 기후도 연결했다. 싸이의 '흠뻑쇼'에 대한 기사, 가뭄에 물을 그렇게 물 쓰듯(?) 해서 되느냐는 논쟁으로 번졌다. 그 논란에 대해 '기후 렌즈'를 쓰고 보면 이랬다. 흠뻑쇼에 빗물을 활용하면 어떨까? 빗물에 대한 팩트를 살펴보니 생각만큼 미세먼지로 가득하거나 지저분하지 않았다. 우리가 간과하고 있는 물 순환의 문제를 흠뻑쇼와 연결시켜 생각해 봤다. 유명한 서울대 빗물박사님이 기사에 댓글을 달아주실 만큼 널리 회자됐다.

성탄절에 아이들 선물로 각광받는 레고 블럭을 플라스틱 순환이라는 관점에서 관찰했다. 순환경제에 대한 식견이 부족해 깊이 나아가지 못했지만 우리의 일상을 '기후변화'라는 관점에서 재발견하는 것이 뜻밖에 많은 관심을 불러일으킬 수 있음을 확인한 경험이었다.

기후 렌즈를 끼고 일상을 재발견하며 39건의 기사를 썼고 그중 33건이 첫 화면 기사로 등재됐다. 그 무렵 또 한 가지 경사가 겹쳤다. 드디어, 꿈에 그리던 방송국 재입사가 확정된 것이다. 방송통신위원회의 공모 절차를 거쳐 FM 99.9 전파의 재사업자로 선정된 OBS 라디오가 나를 포함한 옛 경기방송 직원 14명의 입사를 확정해 주었다.

2022년 8월 31일 수요일

오전 10시, 오랜만에 양복을 차려입고 부천 OBS에 갔다. 9월 1일자로 입사가 확정된 어제의 선수들이 다시 모여 OBS 임직원들께 인사를 드리는 날이었다. 노동조합 현수막이 인상적이었다. "그동안 고생하셨습니다. 진심으로 환영합니다." 대표이사님의 환영사도 참 따뜻했다. 풍찬노숙 동지로서 얼마나 고생 많았느냐. 이제 한 식구가 된 마당에 힘을 합쳐서 청취자들께 사랑받는 OBS 라디오를 만들어가자는. OBS 역시 길거리에 내몰려 3년을 고생한 방송사로서 우리의 고통을 남의 일로 보지 않는 공감대가 있었다. 재입

사는 따뜻하게 시작됐다. 기쁜 일은 여기서 끝나지 않았다.

기후 프로그램의 편성이 확정됐다. 매일 오전 11시부터 12시까지 한 시간. 지상파 라디오를 통틀어 전례를 찾아볼 수 없는 파격적인 편성이었다. 그냥 환경 프로그램도 아니고 기후변화 전문 프로그램이라니. 실마리는 신하연 라디오 국장이 편성회의 때 던진 한마디로부터 시작됐다.

"남들 다 하는 편성 말고 새롭게 갔으면 좋겠어요. 이를테면 기후 위기 대응과 같은, 세상에 꼭 필요하지만 남들이 하지 않는 그런…. 좋은 기획안 있으면 언제든 제출해 주세요."

그 말씀을 듣고 10분 만에 기획안을 써서 제출했다. 프로그램 제목부터 부제, 시간대, 진행자, 핵심 내용, 차별화 전략 등 지난 몇 년간 꿈에 그리던 내용이었기에 어렵지 않게 정리해 제출할 수 있었다. 그것도 아주 빠르게. '기후'라는 말이 나오자마자 혹시라도 잊어버리시기 전에 확인 도장 찍듯이 속전속결로. 그날 이후 기후 프로그램 편성 논의가 시작됐다. 국장님은 내가 제출한 초안에 적힌 아침 6시 편성안보다 훨씬 더 좋은 시간대인 오전 11시 편성안을 역으로 제안하며 확정하셨다. 이왕 새로운 시도를 하는 거 조금이라도 더 많이 듣는 시간대가 좋지 않겠냐면서.

지난 겨울, 18곳의 기후 환경 연구기관과 활동단체를 만났다. 극지연구소부터 경기연구원, 그린피스, 환경연합, 녹색전환연구소, 기후솔루션, 넥스트 그룹 등 다양한 기후 환경단체와 경기도, 인천의 지속가능발전협의회까지⋯. 직접 찾아가서 프로그램의 취지를 설명하고 함께 토론하며 섭외 라인과 코너를 정비했다. 그렇게 5개월간 발로 뛴 덕분에 매일 한 시간 진행하는 프로그램의 구성을 잡는 데에는 큰 어려움이 없었다. 우선 기후 렌즈를 끼고 일상을 다시 보는 기후 피디의 뉴스 브리핑으로 포문을 열었다. 중간중간 시민 기후톡파원들의 문자와 SNS 기후 제보, 실천 이야기가 배치되며 요일별 전문가 출연 코너도 만들었다. 월요일은 기후 환경 스타트업이나 혁신 동향을 다루는 기후와 경제, 화요일은 분리수거를 넘어선 자원순환 데이, 수요일은 이웃집 태양광, 목요일은 기후 미식회, 금요일은 기후 여행이나 녹색교통 체험기로 계획을 짰다. 최종 구성안을 18개 단체에 메일로 송부했더니 여러 곳에서 수고했다는 회신이 왔다. 그중 가장 인상적인 것은 수원시민햇빛발전협동조합 윤은상 이사장님의 회신이었다.

"이런 프로그램 만들고 싶었습니다. 균형감, 현실감, 구체적 이익,
흥미와 날카로움 등등 다 가지고 있네요. 너무 기대됩니다."

그런데 진짜 고비가 남아 있었다. 바로 진행자였다. 누가 기후 프로
그램을 진행할 것인가? 진행자 몫이 80~90%인 라디오에서….

| 2023년 3월 6일 월요일 |

출근하자마자 마트에 가서 스케치북 한 권을 샀다. 나보다 글씨를
잘 쓰는 장주영 피디에게 부탁해 큼지막하게 썼다.

"기후 환경 DJ를 찾습니다."

이곳저곳에서 스케치북을 들고 사진을 찍어 인스타그램에 올렸다.
영화 〈러브액추얼리〉의 명장면을 흉내낸 스케치북 구애 작전이었
다. 우리는 기후프로그램의 진행자를 공개 오디션으로 뽑을 작정
이었다. 이렇게 전문적인 진행자 자리에 대체 누가 지원하겠느냐
는 우려도 있었다. 거꾸로 생각하면 기후를 다 통괄할 수 있는 전문
가는 이 세상에 어느 누구도 없다. 모두가 다 완벽하지 않기에 애정
과 관심만 있으면 누구나 진행자가 되어 청취자 눈높이를 맞추며
함께 공부하고 배우고 토론하며 성장할 수 있지 않을까? 그 과정에

서 기후라는 매우 낯선 프로그램이 청취자들이 직접 뽑은 진행자
가 있는 익숙한 프로그램으로 연착륙하는 데 기여하지 않을까? 그
런 마음으로 스케치북을 들고 나아갔다. 그런데 놀라운 일이 벌어
졌다. 응답이 들어오기 시작한 거다. "기후 환경 DJ 여기 있습니다!"
라고 예쁜 손글씨로 쓴 스케치북을 든 지원자가 원서를 제출하기도 했고, 현직 건축사, 20대 스타트업 대리, 퇴직 영어 선생님, 동화 작가, 농민 등 다양한 이력의 시민들이 도전장을 내밀었다. 마감 날 세어보니 100명이 넘게 원서를 냈다. 말 그대로 대박…이 일어났다.

2023년 3월 31일 금요일

오전 11시, 드디어 첫 방송이 시작됐다. 3년의 정적을 깨고 OBS 라디오로 개국한 FM 99.9는 전날인 3월 30일 오후 2시부터 경기도와 인천 전역으로 송출을 시작했다. 오전 11시 편성인 우리 프로그램은 다음 날인 3월 31일 대망의 첫 방송을 시작했다.

"지금부터 〈기후만민공동회 오늘의 기후〉가 시작됩니다."

멘트와 함께 내가 직접 청취자 여러분께 첫 인사를 드렸다. 첫 곡은 버즈의 〈나를 찾아 떠나는 여행〉, 음악이 흐르는 동안 청취자가 보낸 문자들이 들어왔다. 반갑다는 인사 문자도 있었지만 '이런 프로그램도 있나요?' 하며 신기해하는 분도 많았다. 우리는 이날 '오디션 참여 방법'을 가장 많이 강조했다. 앞으로 5주간 이 프로그램의 진행자를 뽑는 오디션이 펼쳐질 것이고, 가장 중요한 심사 기준이 청취자 문자 투표이니만큼 이렇게 문자로 참여해 주시면 감사드리겠다고….

곧 오디션 본선 진출자 5명이 생방송 스튜디오 안으로 들어왔다.
치열한 예심을 거쳐 올라온 5명의 시민들은 20대부터 50대까지
연령대도 다양했고 기자, 주부, 작가, 배우, 환경단체 멤버 등 이력
도 다양했다. 한 사람 한 사람 자기소개를 할 때마다 이들이 앞으로
어떤 진행을 하게 될지 궁금했다. 분명한 것은 당장 다음 주 월요일
부터 이들이 매일 한 시간씩 생방송 진행을 해야 한다는 것이다. 본
선 진출자들의 소개가 끝난 뒤 우리 프로그램의 로고송을 불러준
착한 밴드 이든의 라이브 공연이 시작됐다. 손이 떨려서 악기 연주
를 할 수 없을 때까지 지구를 위한 착한 노래를 부르고 싶다는 이들
이 직접 만들어준 로고송 가사는 이러했다.

그저 북극곰 일인 줄만 알았지.

근데 우리 일이었어.

기후변화 말이야.

이제 제대로 알고 실천할 때.

오늘의 기후.

매일 오전 11시부터 FM 99.9 OBS 라디오.

오디션 첫날. 제비뽑기를 통해 누구도 달가워하지 않는 첫날, 생방
송 순서에 당첨된 주인공은 엠지 세대인 조윤지 씨였다. 그녀는 씩
씩하면서도 부드럽게 생방송을 진행했다. 내가 직접 출연해 취재
내용을 설명하는 기후브리핑 첫날이기도 했다. 첫 아이템은 남극
내륙의 장보고 기지에 나가 있는 허순도 월동대장과의 위성통화였
다. 남극 내륙으로 가는 유일한 비행기 길이 기후변화로 인해 잠시
끊겼었다는 충격적인 내용이었다. 빙산 두께가 얇아져 비행기가
뜨고 내리지 못할 정도로 온난화가 심각하다는⋯. 허순도 월동대
장은 영상통화에서 이렇게 말했다.

"장보고과학기지는 남극에서도 내륙에 위치한 기지인데요.
기지로 들어오기 위해서는 비행기를 이용한 하늘길이 필수
입니다. 장보고과학기지로 들어오는 하늘길은 두꺼운 얼음
위를 활주로로 이용하여 착륙합니다만, 최근 지구온난화로
인해 얼음의 두께가 적정 기준인 1.5미터 밑으로 떨어진 겁니
다. 지난해 연말의 경우 쇄빙 연구선 아라온호를 이용해 기지

에 도착했습니다. 이와 같은 상황은 기후변화로 인해 남극이 점점 더워지고 있다는 방증이기도 합니다."

이 내용을 전한 뒤 우리는 다짐했다. 언젠가 기회가 닿으면 남극 월동대원들과 정기적으로 생방송 전화 연결 인터뷰를 통해 남극에서 보는 기후변화 상황을 전해드리리라…. 남극기지 전화번호도 파악했다. 뜻밖에 인천 지역번호인 032로 시작했다. 극지연구소가 바로 인천에 있기 때문이다. 남극 이슈도 우리 지역의 이슈다.

2023년 4월 19일 수요일

시민 기후톡파원 최윤경 님께서 사진을 보내주셨다. 지난 주말 지인이 하는 배 과수원에 갔는데 배꽃이 예쁘게 필 이 시기에 냉해를 입어 안타깝다는 사연과 함께. 이상기후로 인해 냉해를 입어버린 농민의 현실. 우리는 어떻게 해야 할까?

2부에는 안산의 한 아파트 관리 과장님이 출연하셨다. 지난겨울 난방비 대란을 거쳐 봄이 되자 전기요금 인상 소식이 이어졌다. 그 가운데 조현식 과장님이 근무하고 계신 보네르빌 아파트는 태양광 발전을 통해 공용 전기요금을 마이너스 수준으로 낮추고 있었다. 공용 전기요금이 마이너스가 찍혔다고? 듣도 보도 못한 신기한 이야기를 듣고 간곡히 부탁드렸다. 그 내역이 찍힌 관리비 내역서를 가져오실 수 있느냐고. 그랬더니 정말 보이는 라디오 카메라 앞에 보여주셨다.

"여기, 보이시죠? 지난 한 세대의 12월 관리비 내역서인데요. 개별 전기요금은 2만 6천 원 가량 나왔고 공용 전기요금은 마이너스 8천 원 가량이 나왔어요. 그래서 이 세대가 낸 전기 요금은 1만 8천 원 가량…"

이처럼 태양광 발전은 온실가스 배출 없는 지구를 위한 전기이기 도 하지만, 고유가 시대의 민생 경제를 위한 묘수이기도 했다. 실제 로 경기도에서 소규모 태양광 발전시설을 가정에 설치한 2,605명 에 대한 대면 설문조사 결과 전체의 50% 가량이 태양광 발전시설 설치 이후 전기요금을 90% 이상 절감했다고 답했고 40%는 50% 이상 절감됐다고 답했다. 반면 잔고장이나 부작용 때문에 고생했 다는 답변은 거의 없었다. 다른 전자제품처럼 제품 생산부터 폐기 물 처리까지 모든 과정을 공공의 영역에서 관리하고, 전자파 발생 은 개인 휴대폰 이하 수치로 찍히는 게 팩트이다. 그럼에도 우리는 왜 '태양광' 하면 전자파, 빛 반사, 폐기물, 중금속 오염 등 부정적 단어부터 떠올릴까? 언론의 팩트 체크 기능이 정말 필요한 시대라 는 생각이 들었다.

경기도 **10**만호 태양광 비용?
탄소배출권으로 충분하지~

기후변화 대응이 왜 우리 지역의 중요한 관심사가 될 수밖에 없는 지를 절감한 날이다. 김동연 경기도지사가 엄청난 약속을 했다. 자신의 임기가 끝날 때까지 원전 6기 규모인 9GW(기가와트)의 신재생에너지 발전시설을 만들겠다는 경기 RE100 선언이었다. 생산과정에 소요되는 전기를 100% 재생에너지로 사용하겠다는 글로벌 캠페인인 'RE100' 흐름에 발맞춰 경기도 내 산업 시설의 국제 경쟁력을 높여 일자리 창출과 산업전환에 기여하겠다는 취지였다.

"취지는 좋은데 도지사 임기 내 9GW…. 실현 가능할까요?"

이날 진행을 맡은 오디션 본선 진출자 김희숙 작가의 질문이었다.

263

그녀는 러시아 문학을 전공한 번역가이자 소설가로 유튜브 북클럽을 운영하고 있는 인천 시민이었다.

"그 자리에 참석한 기후 환경 단체, 에너지 전문가들도 깜짝 놀랐다고 합니다. 9GW는 정말 어려운 목표인데 '저걸 임기 내에 풀겠다고?' 하면서요. 이날 경기도가 발표한 내용은 크게 4가지 분야 실천 항목이 있었는데요…."

경기도의 RE100 정책 취재 결과를 브리핑한 뒤 2부 코너 '이웃집 태양광'에 출연할 전문가가 들어왔다. 여주에 살면서 주민참여재생에너지운동본부 대표를 맡고 있는 최재관 전 청와대 농어업 비서관이었다. 그는 농민들이 농촌 태양광 설치를 왜 싫어하는지 태양광 난개발의 문제점을 조목조목 짚었다. 그러면서 사업자 중심 개발의 문제점을 극복할 대안으로 이미 유럽에서 태양광 개발의 모범사례로 정착한 '주민주도 태양광' 선진 사례를 소개했다. 농촌에 살고 있는 주민 주도로 태양광을 설치할 경우 경기도에서 많은 재생전기를 생산해 삼성전자를 비롯한 수많은 기업들의 RE100 경쟁력을 확보할 수 있다고 했다. 또한 이미 고령화되고 소득 감소에 허덕이는 농촌 경제에도 안정적인 '햇빛 연금'이 마련될 수 있다는 청사진을 제시했다.

"저는 햇빛과 바람과 공간이 풍부한 우리 농촌은 재생에너지 측면에서 보면 마치 석유가 무궁무진하게 매장되어 있는 '산유국'과 같다고 봅니다. 이런 재생자원을 주민이 주도해 개발하면 난개발의 문제점도 극복하고 어렵게 식량을 생산하고 있는 농촌에 실질적인 활력소가 될 수도 있는 거죠."

이날 방송이 끝난 뒤 김희숙 씨는 내게 말했다. 그동안 전문가 인터뷰를 어떻게 해야 할지 감을 잡지 못했는데 오늘 최재관 대표와 인터뷰하면서 이렇게 하면 되는 구나 하고 드디어 감을 잡았다고. 그 말을 듣고 보이는 라디오 영상 편집을 하는데 신기한 장면이 보였다. 인터뷰가 진행되는 15분 내내 진행자와 출연자는 책상 아래에 놓인 원고 대신 서로의 눈을 마주치며 웃고 있었다. 출연자는 속 시원하게 자신의 소신을 마음껏 펼쳤고 진행자는 청취자의 한 사람으로 궁금한 질문을 툭툭 던지면서 짜여진 각본이 아닌 진지한 대화를 나누고 있었다.

이날 올린 농촌 태양광 이야기, 그리고 앞선 경기도지사의 엄청난 약속, 2편 모두 유튜브 조회수 1천 건을 넘어섰다. 사람들은 대본대로 잘 읽고 나오는 연극이 아니라 내가 궁금한 걸 짚어주는 라이브를 원하고 있음을 체감한 날이었다.

"최종 우승자 김희숙."

56일간의 숨 막히는 오디션이 끝나고 지상파 최초의 '기후 환경 디제이'가 탄생하는 순간이 라디오 생방송으로 중계됐다. 오전 11시 50분 최종결과가 발표됐다. 김희숙 씨는 제작진 투표 공동 1위, 전문가 심사 2위를 차지한 뒤 마지막으로 공개된 청취자 문자 투표에서 압도적인 비율로 우위를 점했다. 그 순간 '휴우'하는 안도의 한숨을 쉬며 무사히 끝났음에 감사했다. 고마운 얼굴들이 떠올랐다. 가장 고마운 분들은 5주간의 생방송 오디션에 단 한 번도 지각이나 결석 없이 성실하게 임해준 5분의 본선 진출자들이다. 엠지세대를 대표하는 조윤지(서울), 기후 환경단체 활동가이자 전직 공군장교 백정은(경기), 배우 홍현선(서울), 전 경기방송 DJ 하지나(경기), 작가 김희숙(인천)님. 한 분 한 분 모두 자연스러운 진행력과 전문성을 드러내며 생방송 진행에 임했다.

5주간의 방송 내용 전체를 들으며 평가해 주신 4분의 기후 환경 전문심사위원 여러분도 계셨다. 원호식 경기도지속가능발전협의회 상임회장님, 심형진 인천지속가능발전협의회 상임회장님, 고재경 경기연구원 생태환경전문위원님, 심보균 K-ESG 평가원장

겸 서울과기대 석좌교수님. 모두 우열을 가리기 힘든 어려운 심사를 맡아 따뜻하면서도 냉철한 심사를 해주셨다.

그리고 오직 생방송 시간에만 허용된 문자 투표에 참여해 주신 1,592명의 청취자 여러분께 머리 숙여 감사드린다. 덕분에 기후프로그램 진행자가 결정됐다. 이제 진짜 시작이다.

> 2023년 6월 1일 목요일

우리 프로그램의 진행자는 오프닝 멘트를 직접 작성한다. 오디션 첫날부터 그랬고 오디션이 끝난 뒤에도 그랬다. 작가님이 없어서가 아니다. 내 고집 때문이다. 라디오는 내면의 소리 매체이고 진행자만의 독특한 시선이 응축된 것이 바로 오프닝 멘트라고 생각한다. 그 시선을 누가 대신 써줄까. 잘 쓰든 못 쓰든 중요한 것은 진행자의 시선이다. 그걸 솔직담백하게 열어놔야 청취자들도 마음을 열고 문자를 보내주신다. 이렇게 고집해 왔는데 우리 진행자, 너무 잘 쓰신다. 김희숙 진행자는 인천 서구에서 수원에 있는 방송국까지 대중교통으로 두 시간 반이 걸려 오는데, 그 통근열차 안에서 오프닝 멘트를 직접 써왔다. 이날의 멘트는 특히 더 마음에 와닿아 여기에 기록해 본다.

"어제 신기한 기후학교에 나오셨던 강신호 대안에너지연구소소장님이 프로그램을 마치고 그러시더라고요. '10년 이상 기후 위기를 우려하고 목소리 높였던 활동가들이 사실 요즘 좀 기운이 빠지던 차였다. 아무리 말해도 바뀌는 게 없는 듯해서. 그런데 마침 〈오늘의 기후〉 같은 프로그램이 생겨서 참 반갑다. 여기서 전하는 정보, 사람들의 이야기를 들으면서 도움도 되고 힘이 난다. 좋은 프로그램에 초대해 줘서 고맙다…'.

사실, 저도 진행하면서 이런 분들이 어디서 이렇게 계속 나오실까, 너무 신기하거든요.

급발진 급제동을 조심해야겠다는 굴삭기 기사님, 일회용품을 사용하지 않으려고 고심하는 주부님, 재생지로 책을 내는 출판 환경을 만들기 위해 애쓰는 출판사 대표님, 사라진 벌들에게 미안하다며 대구에서 연천까지 아카시아 꽃을 찾아 올라온 꿀벌 농민 권혁주 선생님, 태양광 발전 보급을 위해 열심인 협동조합 시민활동가….

〈오늘의 기후〉가 이런 분들이 서로 만나는 장이 되고 있다는 생각을 하면 신기하기도 하고요.

예전에 홍대 앞이 그랬거든요. 클럽에 인디밴드들이 모이면서 텔레비전에서 볼 수 없는 인디 음악인들의 동네가 된 적이 있었어요. 또, 서울 망원동이나 부산의 영도 쪽에 작은 1인 가게들이 모이면서 새로운 문화거리가 되기도 하고요.

아! 강릉. 강릉 안목해안가도 그렇잖아요. 커피집이 하나
둘 모이다가 이젠 아예 '강릉커피'가 맛있는 커피의 대명사처
럼 됐죠. 〈오늘의 기후〉도 이러다가 기후 위기에 즐겁게 대응
하는, 위기를 기회로 만들고 있는 사람들의 새로운 마을이 되
는 것 아닐까요?!

오늘 첫 곡은 〈Somewhere over the rainbow〉입니다."

— 김희숙 진행자의 6월 1일 방송 오프닝 멘트

2023년 7월 1일 토요일

한국피디연합회가 선정하는 2023년 5월 '이달의 피디상'에 선정
됐다는 꿈같은 소식에 며칠간 들뜬 마음을 진정시키고, 숙제인 수
상 소감을 차분하게 적어 내려갔다. 감사드려야 할 분들이 워낙 많
지만 200자 원고지 5매 분량 제한이라 꾹꾹 눌러가며 적었다.

"60년 전 마셜 맥루한은 라디오를 '부족의 북소리'라고 말했지만,
2023년을 사는 우리는 라디오를 이렇게 봅니다. 지구를 구하려
는 기후시민들이 여기저기서 울려대는 '생명의 북소리'라고.

저희는 그렇게 '기후만민공동회'를 6개월 동안 준비했고 3
월 31일 OBS 라디오 개국과 동시에 매일 한 시간 〈오늘의 기후〉
를 청취자들께 선보였습니다. 두 달이 지났습니다. 가장 먼저 확

인한 것은 지속가능성입니다. 사실 방송 전 많은 분들이 "매일 한 시간을 기후로? 아이템이 돼?"라며 걱정하셨습니다. 결과는 "아이템은 엄청나죠"로 판명되었어요. 잠실야구장에 출연한 하루살이 떼부터 피서지에 엄습한 이른 폭염, 도심 산불 연기까지 우리의 모든 일상이 실은 기후 아이템입니다. 우리는 '기후'라는 렌즈를 쓰고 일상을 재조명했고 많은 청취자들께서 공감과 참여의 문자를 보내고 계십니다. 하루 한 분 전문가를 모시는데 경제부터 에너지, 생태, 먹거리 전문가까지 월 22명의 출연진이 꽉 찼고 100% 스튜디오 출연으로 보이는 라디오를 병행합니다.

두 번째 선물은 '진행자' 확보입니다. 라디오의 성패는 70~80% 진행자가 결정합니다. 구슬도 꿰어야 보배라고 진행자가 맘에 들면 술술 풀리지만 아니면 뭘 해도 안 풀립니다. 그런 진행자를 대국민 오디션을 통해 찾았습니다. 러시아 문학 전공자인 그녀가 지금은 매일 CO_2와 엘리뇨와 삼중수소를 말합니다. 얼마나 노력하고 계신지요. 그러면서도 청취자 문자 한 줄 한 줄에 진심을 다하며 '오늘도 다 소개하지 못했다'며 미안해합니다. 이런 노력과 진심이 통했는지 요즘에는 '재미있다' '시간이 짧다'는 문자가 들어옵니다. 멀리 김해에서 완주에서 듣고 있다는 새싹 문자까지…. 저희는 오디션을 통해 찾은 '김희숙'이라는 기후 환경 DJ를 필두로 매일 한 시간, 다양한 청취자들과 기후 이야기를 나누고 칭찬하고 북돋으며 지구를 위한 북소리를 울리고 있습니다. 둥둥~"

"격려 차원에서 주는 상이 아닙니다."

직접 상을 들고 방송국을 찾아온 김종일 회장님의 한마디가 정신을 깨운다. 만감이 교차했다. 지난겨울 방송을 준비하며 만난 그 많은 전문가, 활동가, 시민들의 얼굴이 떠올랐다. 파주에서, 연천에서 수원 스튜디오까지 몇 시간을 걸려 오시며 단 20분의 인터뷰를 위해 최선을 다해주신 출연자분들께 어떻게 감사 인사를 전해야 할지 몰랐다. 상을 받고 구내식당에서 함께 밥을 먹는 자리에서 피디연합회 회장님이 뜬금없이 이런 말씀을 하셨다.

"앞으로 보이는 라디오를 유튜브에 올릴 때 영문 자막을 넣는 건 어때요?"

순간 멈칫했다. 그런데 가만. 의미심장한 아이디어였다. 우리가 하는 이 모든 내용이 국제적으로도 확장성이 있는 아이템이라는 뜻

271

아닌가. 지금도 캐나다 산불, 미국 열돔 폭염, 파키스탄 홍수 등 글로벌 기후 이슈를 다루고 있다. 경기도에서 일어나는 일, 인천 소식, 우리나라의 기후 대응 또한 얼마든지 글로벌 이슈가 될 수 있는 세상이 펼쳐지고 있으니 일리 있는 지적이었다. 그러나 '누가 번역을 하지? 제작비는?' 이 걱정에 선뜻 대답하지 못하고 있던 차에 회장님이 이런 말씀을 꺼내신다.

"요즘은 챗GPT도 웬만한 번역은 잘하던데요?"

이럴 수가. 길은 있구나. 새로운 목표가 생겼다.

2023년 9월 2일 토요일

여름 휴가철이 끝나갈 무렵 OBS 라디오의 부분 개편이 단행됐고 엄청난 변화가 생겼다. 한 시간이던 〈오늘의 기후〉의 방송 분량이 두 시간으로 확대된 것이다. 오전 10시부터 낮 12시까지. 생각지도 못한 기쁜 변화이지만 나와 작가님, 그리고 진행자님 모두 걱정이 되었다. 매일 한 시간도 겨우 적응했는데 두 시간을 어떻게? 그러나 우리에게는 시민들과 청취자들이 계셨다. 기후특파원 제보와 사연들, 모든 방송 내용을 한눈에 보고 들을 수 있도록 〈오늘의 기후〉 밴드를 만들었는데 하루하루 많은 시민들이 찾아와 글을 올려주신다. 평일뿐 아니라 주말에도 텃밭 가꾸기부터 식집사 사연, 아이들과 함께 냉장고 파먹기에 도전한 사연까지 다양한 일상이 올라온다. 4부에는 누구나 나와 자유롭게 이야기할 수 있는 '누구나 인터뷰' 시간을 마련했다.

첫날부터 재활용품을 활용한 특이한 복장으로 출연해 직접 만든 기후 노래를 라이브로 들려준 싱어송라이터 시민이 출연했다. 금융회사에서 ESG 관련 업무를 하는 팀장, 기후변화를 연구하다 기후 스타트업을 창업한 30세 여성 CEO, 학교에서 생물을 가르치다 지금은 기후 교육을 하고 계신 선생님 등 다양한 시민들이 저마다의 이야기를 들려주신다. 어쿠스틱 가수 이란 씨가 격주로 기후 콘서트를 하고 기후·환경 관련 책 저자들이 나오는 기후 북클럽, 기후 영화를 소개하는 기후 시네마 극장까지 새로운 코너와 출연자들이 속속 모습을 드러내고 계신다. 며칠 전엔 경기도 파주에서 출연 제안서가 왔다. 재생에너지와 순환경제 등 앞으로 사회적 이슈가 될 기후 관련 현안을 소개하는 '내일의 기후' 코너를 하고 싶다고 말이다.

누구나 참여하는 기후 위기 라디오

구한말 우리 선조들은 열강의 이권침탈에 대항해서 신분과 계급의 차이를 뛰어넘어 누구나 참석해 나라의 앞날을 토론하는 '만민공동회'를 꾸려나갔다. 이런 노력이 계속 이어졌더라면 의회민주주의로 이어져 조선의 운명이 달라졌을 거라는 시각도 존재한다. 21세기를 살고 있는 우리에게는 '기후 위기'가 엄습하고 있지만 위기는 기회의 다른 이름이다. 탄소 문명을 넥스트 탄소 문명으로 바꿔나가려는 시민들의 노력이 강물이 되고 문화가 되고 문명이 되는 날, 우리에게는 한강의 기적 그 이상의 평화로운 발전 기회가 열릴 것임을 확신한다.

기후 위기 대응을 위해 누구나 참여하는 〈기후만민공동회 오늘의 기후〉*는 오늘도 매일 오전 10시부터 12시까지 FM 99.9를 통해 모두를 위한 북소리를 울리고 있다. 즐겁게, 환하게 미소 지으며, 둥둥.

---

* 〈오늘의 기후〉는 2024년 2월부터 오후 5시, 더 좋은 시간대로 이동해 청취자를 계속 만나는 중이다.

당신은 당신의 공허한 말로
나의 꿈과 어린 시절을 훔쳤습니다.
사람들이 죽어가고 있습니다.
전체 생태계가 무너지고 있습니다.
우리는 대량 멸종의 시작에 있으며,
당신이 말할 수 있는 것은
돈과 경제 성장에 대한 동화뿐입니다. 어떻게 감히!

— 그레타 툰베리(Greta Thunberg)
  2019년, 〈UN 기후 행동 정상 회의〉에서 세계 지도자들에게

내가 환경 잔소리를 퍼나르는 이유

KBS 김가람 피디

한국피디연합회의 원고 청탁을 받은 것은 지난 해 늦여름이었다. 한 달 뒤인 9월 초에 원고를 마감하고 출간은 12월로 예상한다는 메일을 보고 생각했다. '피디들을 데리고 그렇게 안 될 텐데?' 〈지속 가능한 지구는 없다〉 방송이 끝난 1월 말에 무릎 꿇고 원고를 전송하지만, 역시 꼴찌는 내가 아니었다. 한 번도 직접 얼굴을 본 적이 없는 피디들에게서 삐뚤어진, 그러나 깊은 동료 의식을 느꼈다. 과연 나와 비슷한 사람들이 모인 '연합'이 맞구나.

에필로그를 쓰는 지금, 창문을 여니 이팝나무 향이 난다. 혹한기에 나왔어야 할 책이 혹서기에 나오게 됐다. 12월에도 개나리가 피는 세상이니 우리 피디들은 본능적으로 출간 일정에도 사회 현실을 녹여낸 셈이다. 강민아 피디의 말처럼 매주 1편씩 프로그램을 만들기에 이상 기후 현상은 충분히 자주, 그림이 될 만큼 심하게 일어나고 있다. 살던 대로 살다 보면 김진호 피디가 우려하듯 2050년에는 SBS 목동 사옥이 물에 잠길 판이다. 그때쯤이면 올림픽대로도 다 잠길 테니 이 책을 읽는 독자들도 안심하면 안 된다.

손승우 피디는 인간이 최상위 포식자가 아니라 여러 생물과 무생물 덕분에 살아갈 뿐이라고 했다. 다른 생물, 무생물 듣기 좋으라고 하는 아부가 아니다. 인간의 '어쩔 수 없음'을 깨달아야 비로소 '어떻게 좀 해보자'가 시작될 수 있다. 모든 자연, 환경 프로그램은 결국 세상 만물이 연결되어 있다는 걸 믿어달라는 외침이다. 그 실들이 하나둘 끊어지면 일상은 더 이상 당연한 것이 아니게 된다.

시간도 능력도 부족하지만 이 책에 몇 쪽 보태기로 한 것은 당연한 일상을 최대한 지키고 싶어서다. 개인주의자인 나는 내 삶의 안온함이 중요하기 때문에 오히려 머릿수 많은 '연합' 같은 곳에서 시키는 일을 고분고분 하는 편이다. 나와 비슷한 사람들의 목소리가 커질수록 내가 살던 대로 살기가 순탄해진다고 믿기 때문이다. 환경 프로그램을 계속 제작하는 것도, 또 집필에 기꺼이 참여하겠다고 한 것도 같은 이유다. 지구 기온이 3도 올랐을 때 물에 잠기지 않을 동네의 집값과 제철 채소값을 체험하고 싶지 않아서 바로 오늘, 환경 잔소리를 세상에 퍼나른다. 먹고 살기 팍팍할수록 짬을 내어 환경 정책에 예민하게 구는 편이 노후에 더 좋다고 떠든다.

이 책을 쓴 피디들은 직장인이다. 아무리 해도 쉬워지지 않는 프로그램 제작이 담당 업무인 임금 생활자들이다. 창문 없는 편집실에 앉아 야근을 하다 보면 구민정 피디가 그랬듯 기후 위기는커녕 낮밤이 바뀌는 것도 모른 채 하루가 간다. 내 처지에 북극곰 걱정은 사치라는 노광준 피디의 말은 진심이라 더 아프다. 하지만 그래서 우리에게 자격이 있다고 믿는다. 조민조 피디가 그랬듯 평범한 이웃들에게 '지금 내가 있는 곳에서, 함께 참여하고 만들어나가는 변화'를 권할 수 있는 자격, 이도경 피디가 그랬듯 자연을 위한 일은 귀찮거나 불편한 일이 아니라 즐겁고 보람찬 경험임을 나눌 수 있는 자격.

『카메라로 지구를 구하는 법』에 함께한 모든 선후배 피디들이 더욱 잘 되길 감히 바란다. 세상 물정에 어두운 사람들이라거나 한가롭게 환경 타령 하며 위선 떤다는 이야기가 쏙 들어갈 만큼. 우리의 프로그램을 싫어하는 분들에게도 사랑의 인사를 전한다.

우리는 잘 살고 있고, 더 잘 살아갈 방법을 찾아낼 겁니다. 당신과 함께.

오늘도 환경 프로그램 만들기 참 좋은 날이다.

— 2024년 서울에서, 김가람

카메라로 지구를 구하는 방법

ⓒ 김가람, 조민조, 김진호, 구민정, 손승우, 이도경, 강민아, 노광준 2024

초판 1쇄 발행 2024년 5월 28일
초판 2쇄 발행 2024년 9월 10일

지은이	김가람, 조민조, 김진호, 구민정, 손승우, 이도경, 강민아, 노광준	펴낸곳	느린서재
		출판등록	2021-000049호
		전화	031-431-8390
펴낸이	최아영	팩스	031-696-6081
		전자우편	calmdown.library@gmail.com
편집	최아영	인스타	@calmdown_library
교정	김선정	뉴스레터	calmdownlibrary.stibee.com
디자인	신용진		
마케팅	지구를 걱정하는 당신	ISBN	979-11-93749-03-6 03300
인쇄제본	넥스트프린팅		
지원	피디연합회